Das Buch

Als 23-jähriger Schauspielschüler verliebt sich Jonas Baeck Hals über Kopf in eine Kommilitonin – auf der Bühne, bei »Romeo und Julia«. Zu Beginn der Sommerferien fasst er einen ebenso verrückten wie romantischen Plan: eine Reise mit dem Roller nach Dublin. Als Liebesbeweis will er seiner Julia eine alte Shakespeare-Ausgabe mitbringen. Und als wäre das noch nicht genug, beschließt er: Wenn bis zu seiner Abfahrt die Sonne rauskommt, bleiben Geld und Handy zu Hause.
Unterwegs begegnet er großzügigen Tankwarten, skurrilen Straßenmusikern, neuen Freunden, immer wieder dem großen William und nicht zuletzt sich selbst. Momente des Glücks und der Verzweiflung erwarten ihn – und unzählige Abenteuer. So spielt, singt und schmachtet er sich durch Europa und vollbringt Taten, die nicht auszudenken sind.
Jonas Baeck erzählt von den wundersamen Dingen, die einem widerfahren können, wenn man das Geld zu Hause lässt und auf die eigene Intuition vertraut.

Der Autor

Jonas Baeck, 1981 geboren, ist Schauspieler. Nach seiner Ausbildung in Bochum führten ihn zahlreiche Theaterengagements über Bielefeld, Berlin und Mannheim wieder in seine Heimatstadt Köln. Er wurde u.a. mit dem Kölner Darstellerpreis und dem Heidelberger Theaterpreis ausgezeichnet. Neben der Bühne war er in Kino- und Fernsehproduktionen zu sehen, etwa in Lars von Triers »Nymphomaniac« oder in der erfolgreichen Serie »Club der roten Bänder«.

Jonas Baeck

Wenn die Sonne rauskommt, fahr ich ohne Geld

Mit dem
Roller nach
Dublin

Kiepenheuer & Witsch

MIX
Papier aus verantwortungsvollen Quellen
FSC® C083411

Verlag Kiepenheuer & Witsch, FSC® N001512

1. Auflage 2019

Umschlaggestaltung: Barbara Thoben, Köln
Umschlagmotive: © Niclas Weber; Westend61 / stock.adobe.com
Karte: Oliver Wetterauer
Gesetzt aus der Sabon und der Metallophile Sp8
Satz: Buch-Werkstatt GmbH, Bad Aibling
Druck und Bindung: CPI books GmbH, Leck
ISBN 978-3-462-05211-4

für William Shakespeare,
die Liebe
und für meine Mama

Like as the waves make towards the pebbled shore,
So do our minutes hasten to their end;
Each changing place with that which goes before,
In sequent toil all forwards do contend.
Nativity, once in the main of light,
Crawls to maturity, wherewith being crown'd,
Crooked eclipses 'gainst his glory fight,
And Time that gave doth now his gift confound.
Time doth transfix the flourish set on youth
And delves the parallels in beauty's brow,
Feeds on the rarities of nature's truth,
And nothing stands but for his scythe to mow:
And yet to times in hope my verse shall stand,
Praising thy worth, despite his cruel hand.

William Shakespeare, Sonnet LX

Wie Well' auf Welle an den Felsenstrand,
So eilen die Minuten an das Ziel;
Bald schwillt die eine, wo die andre schwand,
Und weiter rauscht's im ewig regen Spiel.
Das junge Leben, schön im Morgenrot,
Naht still der Reife, doch von ihr gekrönt,
Ist schon sein Glanz von Finsternis bedroht,
Und es verheert die Zeit, was sie verschönt.
Die Zeit zerfetzt der Jugend buntes Kleid
Und schlägt die Furchen in der Schönheit Stirn,
Und über all der seltnen Herrlichkeit
Hör' ich bereits des Todes Sense klirrn.
Doch hält mein Lied für alle Zukunft stand,
Mit deinem Ruhm trotzt es der Zeiten Hand.

Deutsch von Max Josef Wolff

Flughafen Düsseldorf Weeze. Eine Ryanair-Maschine wartet auf den Abflug. Magdalena läuft die letzten Schritte in Richtung ihres Flugzeuges nach Rom. Sie hatte nicht damit gerechnet, mich an diesem ersten Ferienmorgen so früh am Flughafen zu sehen.

»Was machst du denn hier?«, fragte sie überrascht.

»Dir ne gute Reise wünschen«, antwortete ich.

Jetzt stehe ich hinter der transparenten Besucherwand und sehe, wie sie in die Maschine steigt. Entschlossen nutze ich eine nahe stehende Mülltonne als Sprungbrett und wuchte mich über die Wand.

»Arrivederci!«, brülle ich über den Flugplatz.

Magdalena dreht sich ein letztes Mal um. Sie lächelt. Bevor das Sicherheitspersonal handgreiflich werden kann, stehe ich bereits wieder neben der Mülltonne und besänftige mit einem strahlenden »Amore!«.

Mein Name ist Jonas. Ich bin dreiundzwanzig und Schauspielschüler an der Bochumer Schauspielschule. Heute beginnen die Semesterferien. Vor mir liegen 17 freie Tage.

Kurz nachdem Magdalenas Maschine gestartet ist, fahre ich nach Bochum-Wattenscheid, um meinen Motorroller aus der Inspektion zu holen. Er ist silbern und kommt aus Japan. Dabei kreuzen sich folgende Gedanken: 17 Tage frei – Motorroller – die irische Harfe von Ryanair. Und natürlich: »Amore!«

Ausgelöst durch Magdalena, eine Schauspielschülerin, die auf derselben Schauspielschule ist wie ich. Wir haben uns ein paarmal unterhalten, hier und da ein Bier auf derselben Party getrunken, uns im Theater getroffen. Zum ersten Mal habe ich Magdalena beim Vorsprechen gesehen, als Julia in *Romeo und Julia*. Ich weiß, dass sie antiquarische Bücher mag und Shakespeare verehrt. Und ich habe mich in sie verliebt. So sehr, dass ich nicht weiß, wohin. Wohin mit diesem ganzen Gefühl?

Ich fasse folgenden Plan: eine Reise mit dem Motorroller von Bochum nach Dublin. Hin und zurück in 17 Tagen. Zudem der Erwerb einer antiquarischen Originalausgabe von *Romeo und Julia*, die ich ihr nach meiner Rückkehr aus Dublin zum Geschenk machen werde. Irland, die Grüne Insel, scheint mir ein würdiges Ziel zu sein. Und ganz im Sinne einer romantisch motivierten Rollerreise.

Der Himmel ist bewölkt an diesem 4. August 2005. Es nieselt. Ich packe einen Rucksack mit dem Nötigsten. Dazu einen Schlafsack plus Isomatte, eine kleine Kindergitarre, zwei Motorradhelme, einen Vier-Liter-Motorölkanister, ein Glas selbst gemachte Marmelade, zwei

Dosen Thunfisch und eine Ein-Liter-Flasche Leitungswasser.

Dann fahre ich zu meiner Schauspielschule. Im Kostümfundus stehen schwarze Motorradstiefel aus den Achtzigern, etwas zerbeult, aber funktionstüchtig. Ich schlüpfe hinein und hinterlasse dafür meine Seemannsjacke als Pfand. Auf dem Weg nach draußen treffe ich auf Frau Kästner, meine Dozentin für Akrobatik und Fechtkampf. Ich erzähle ihr von meinen Reiseplänen. Sie bestärkt mich und gibt mir die Mailadresse von Stella, einer Bochumer Schauspielabsolventin, die mittlerweile in Dublin lebt. Dann fahre ich weiter zum Finanzamt, um meine Steuererklärung abzugeben.

Auf der gegenüberliegenden Straßenseite sitzen Ines und Hanna, zwei Schauspielschülerinnen aus meiner Klasse. Wir trinken einen letzten Kaffee zusammen, und Hanna erzählt mir von einer Doku, die sie kürzlich gesehen hat. Darin wird über Motorradfahrer berichtet, die quer durch Europa fahren und sich das Benzin dafür erschnorren, indem sie an Tankstellen die Tankenden jeweils um einen Liter ihres Benzins erleichtern. Ich verabschiede mich und wünsche beiden einen schönen Sommer. Dann fahre ich nach Hause, um zu duschen.

Liebestoll, wie ich bin, und inspiriert durch die Benzin-Schnorrer-Geschichte, entscheide ich mich spontan zu folgender Wette mit mir selbst: Wenn die Sonne ra… kommt, fahr ich ohne Geld.

Klar!

Kaum sitze ich abfahrbereit auf m…

lichten sich die grauen Wolken am Bochumer Himmel. Die Sonne zeigt sich in ihrer vollen Pracht und strahlt mich an. Meine Knie werden weich, aber meine Entscheidung steht fest: Das Geld bleibt zu Hause.

Und um die Sache abzurunden, schalte ich mein Handy aus und werfe es in den Briefkasten. Mit vollem Tank und leeren Taschen fahre ich zum Haus von Magdalena. Hier soll die Reise beginnen. Hier will ich meine Reise nach 17 Tagen beenden. Ich habe einen goldenen Edding dabei und taufe meinen Roller auf den Namen »Romeo«. Die Hausnummer von Magdalena ist die 7. Also bekommt Romeo die »7« als offizielle Startnummer für dieses inoffizielle Rennen. Meinen weißen Helm ohne Visier versehe ich mit den folgenden Schriftzügen: vorne »Dublin«, hinten »Bochum« und obendrauf die »17«. In Ermangelung jedweder GPS-Technologie entscheide ich mich für eine eher antiquierte Methode des Wegweisens: den Kompass meines Großvaters. Vor Reisebeginn notiere ich den derzeitigen Kilometerstand von 15 473,40 km und eröffne damit mein Reisetagebuch. Ich werfe einen letzten Blick auf ihre Haustür und starte den Motor. Es geht los!

Bergab, um eine Kurve und dann immer geradeaus. Vorbei an Schorsch und seiner Kneipe, ins Zentrum Richtung Hauptbahnhof. Dann einmal durchs Bermuda3Eck, vorbei am Intershop. Schließlich taucht es auf, das Schauspielhaus. Ich folge meinem Gefühl und fahre weiter. Immer Richtung Sonne. Die ist warm und strahlt mich an. Die Sache läuft. Mit 45 tuckere ich durch das sich allmählich ausdünnende Stadtgebiet von Bochum. Mit meinem großen Rucksack, der Gitarre und meiner schwarzen Lederkluft betrachte ich mich schon bald als verwegenen Weltenbummler.

Vor lauter Verliebtheit habe ich allerdings versäumt zu frühstücken. Der Hunger zwingt mich zum ersten Halt auf dem Parkplatz einer kleinen Kirche nahe der Hauptstraße. Genüsslich verspeise ich die erste Dose Thunfisch und trinke einen großen Schluck aus meiner Wasserflasche. Die Kirchenglocke schlägt fünfmal. Es ist 17 Uhr. Gestärkt setze ich die Reise fort.

An jeder größeren Kreuzung halte ich an und blicke auf meinen Kompass. Westen. Da liegt Holland. Da wartet das Ausland. Da will ich hin.

Nach vier Stunden Fahrt stelle ich fest, dass ich Bochum zwar verlassen, die holländische Grenze aber noch immer nicht gesichtet habe. Mein Vorhaben, das Fahren auf Autobahnen zu vermeiden und an jeder Kreuzung meinen Kompass um Rat zu fragen, erweist sich als irreführend. Nach dem dritten Kreuzen derselben Kreuzung wird mir klar, dass ich im Kreis fahre. Eine erste Verzweiflung durchzuckt mich. Mein Tank ist fast leer, der Thunfisch auf die Hälfte geschrumpft und die Abenddämmerung deutet sich an. Ich stecke irgendwo in der Nähe von Holland. Ohne jede Orientierung.

Was für ne blöde Idee, denke ich. Ich hätte doch wenigstens meine EC-Karte mitnehmen können. Nur für den Fall.

Der Fall ist jetzt da. Ich habe vier Stunden gebraucht,

um von Bochum nicht nach Holland zu kommen, bin nicht ausreichend mit Vorräten eingedeckt und werde heute Nacht aller Voraussicht nach irgendwo im Straßengraben pennen, um am nächsten Tag nach Hause zu trampen. Das alles geht mir durch den Kopf, während ich an einer roten Ampel stehe und auf meine Tankanzeige starre. Plötzlich hält neben mir eine ohrenbetäubende Harley Davidson. Der Typ, der sie fährt, schaut rüber zu mir und lächelt. Ein Lächeln zwischen Mitleid und Verachtung. Er bewegt ein paarmal den Gashebel, als würde er mich zu einem Rennen auffordern.

Ich brülle zu ihm rüber: »Holland?«

Die Ampel wird grün und er brüllt zurück: »Follow me!«

Erst jetzt sehe ich, dass seine Harley ein holländisches Kennzeichen hat. Er gibt Gas und ich folge ihm. Nach fünfzehn Minuten Landstraße und dem ein oder anderen Kreisverkehr kommt die Autobahn nach Holland. Ich verabschiede mich von meinen hehren Landstraßenprinzipien und gebe Vollgas. Er begleitet mich noch bis zur nächsten Ausfahrt, winkt und überlässt mich wild hupend wieder meinem Schicksal.

Euphorisiert von dem kurzen Biker-Zusammengehörigkeitsgefühl fahre ich Höchstgeschwindigkeit: 80. Jetzt ist Holland nicht mehr fern! Aber auch die Nacht lässt nicht mehr lange auf sich warten. Die Sonne berührt bereits den Horizont und die Tanknadel ist im Reservebereich angekommen. Ich muss dringend einen Schlafplatz finden.

An der letzten Ausfahrt vor Holland fahre ich ab. Maisfelder tauchen auf. Dann kommt ein Stoppschild. Am Ende einer langen Landstraße sehe ich einen Bauernhof liegen. Was hilft's? Ich werde dort anhalten und um einen Nachtplatz bitten.

Kaum bin ich auf dem Schotterweg vor dem Bauernhof zum Stehen gekommen, taucht auch schon der Bauer vor mir auf. Er wirkt nicht besonders erfreut über meine Ankunft. Im Gegenteil. Er hat einen Knüppel in der Hand und fragt mich, was ich hier will.

»Ich suche einen Platz zum Schlafen«, sage ich. »Gerne auch ganz einfach, vielleicht im Heu oder im Stall oder so.«

»Warum suchen Sie sich kein Hotel oder ne Jugendherberge?«, erwidert er mürrisch.

»Na ja, weil, ähm, ich hab da so ne Art Wette mit mir selbst am Laufen. Ich komm aus Bochum und will nach Dublin. Und vielleicht schaff ich das ja ohne Geld.«

»Soso«, sagt er.

Dann Schweigen.

Ich denke, dass das wohl keine so gute Idee war und sage: »Aber ich find schon noch was, kein Problem. Wollte Sie auch gar nicht belästigen.«

Der Bauer lässt den Knüppel sinken und sagt: »Ich hab da noch so'n alten Campingwagen aufm Hof. Der is ziemlich siffig. Aber wenn Sie das nicht stört, können Sie da übernachten. Ich bin übrigens der Matthias.«

Mir schlackern die Ohren. Ich kann es kaum glauben. Ein Bauer, der mich nicht kennt, bietet mir seinen Wohnwagen als Schlafplatz an. Ich bin gerührt.

Die nächste Zeit verbringe ich mit Staubsaugen, Fensterputzen und Wischen. Ich gebe mein Bestes, um mich der bäuerlichen Gastfreundschaft würdig zu zeigen. Und Matthias staunt nicht schlecht, als er nach einer knappen Stunde den Kopf zur Tür reinsteckt und mit dem Finger über das Regal wischt.

»Junge, willste nicht länger bleiben? Mein Stall müsste mal wieder ausgemistet werden.«

Wir lachen. Das Eis ist gebrochen. Dann zeigt er mir seinen Hof. Das Wohnhaus, den Garten und den riesigen grünen Traktor. Er führt mich durch seinen Stall und stellt mir jede Kuh mit Namen vor. Zum Abschluss präsentiert mir Matthias den ganzen Stolz seines Besitzes: eine Maschine, die Kartoffeln sortiert und in Säcke verpackt.

Dann schenkt er mir eine Herzkartoffel und sagt: »Für dein Mädchen.«

Matthias' Vater kommt uns entgegen. Er schiebt ein altes Fahrrad und erklärt mir, dass er seit acht Jahren sein Fahrrad nicht fahren kann, da das Vorderrad einen Platten hat. Er fragt mich, ob ich etwas davon verstehe. Ich habe überhaupt keine Ahnung von Fahrrädern. Nichtsdestotrotz versichere ich ihm, dass ich das Problem noch heute Abend beheben werde.

Jetzt sitze ich mit einem Glas Milch, der zweiten Dose Thunfisch und vier Butterbroten im Garten und lausche dem Grunzen der Schweine. Ich habe den Platten tatsächlich geflickt und den Vater von Matthias zu einem glücklichen Opa gemacht. Grinsend dreht er seine

Kreise auf dem Hof. Als Dankeschön hat er mir eine riesige, selbst gemachte Wurst geschenkt und mir eine gute Reise gewünscht.

Das Abendessen tut gut. Ich rauche noch eine selbst gedrehte Zigarette, verabschiede mich bei Matthias und seiner Familie und wünsche allen eine gute Nacht.

Jetzt liege ich im Wohnwagen und wälze mich hin und her. Der Tag hat ein glückliches Ende genommen. Ich habe einen Schlafplatz und etwas zu essen bekommen. Ganz ohne Geld. Aber ist es das wert? Die ständige Unsicherheit. Die andauernde Frage: Was kommt als Nächstes? Heute bin ich noch in Deutschland. Aber ab morgen aller Voraussicht nach im Ausland. Der Weg zurück wird immer länger und schwieriger ohne Geld. Was will ich mir beweisen? Was will ich ihr beweisen? Vielleicht hätte ich sie einfach im richtigen Moment küssen sollen und wir wären zusammen nach Rom geflogen. Erschöpft falle ich in einen unruhigen Schlaf.

Tag 1

Ein Schauspieler ist ein Mensch, dem es gelungen ist, die Kindheit in die Tasche zu stecken und sie bis an sein Lebensende darin aufzubewahren.

MAX REINHARDT

Ich erwache gegen fünf Uhr morgens. Rückenschmerzen. Der Schlaf auf der harten Holzbank des Campingwagens war alles andere als erholsam. Ich packe mein Zeug zusammen und schiebe Romeo an die Straße, um niemanden zu wecken. Da höre ich, wie Matthias seinen Traktor startet.

»Ich fahr jetzt nach Bochum«, gähnt er. »Wenn du auf deiner Rückreise auch hier vorbeikommst, dann kannste gerne wieder hier schlafen.«

Wir verabschieden uns mit einem kräftigen Händedruck. Dann ist er weg. Die Sonne geht auf.

Um meine Rückreise antreten zu können, muss ich ja erstmal die Hinreise bewältigen, denke ich. Dafür benötige ich dringend eine Tankstelle. Also zurück auf die Autobahn Richtung Holland und Augen auf. Der Morgen ist kühl und meine Hände frieren trotz der Handschuhe. Nach zwanzig Minuten Fahrt ist die Tanknadel bei »empty« angekommen. Vor mir liegt die erste holländische Tankstelle. Ich halte an.

Jetzt gilt es. Jetzt kann ich den Wahrheitsgehalt der Motorraddoku unter Beweis stellen. Wer schenkt einem rollerfahrenden Romantiker einen Liter seines kostbaren Benzins?

Ich entdecke einen Holländer mit Mercedes und Bootsanhänger, der im Begriff ist zu tanken.

»Excuse me, Sir. Would you like to give me one litre of your gas for my scooter for free?«

Die Antwort ist schlicht, aber deutlich: »No.«

Etwas ernüchtert kehre ich zurück zu Romeo und stelle fest, dass mich der Tankwart ins Visier genommen hat. Am besten stelle ich mich erst mal vor. Könnte ja durchaus sein, dass ich hier etwas länger zu Besuch bin.

Ich betrete das Tankstellenhäuschen und gehe direkt zur Kasse. Da sitzt der Tankwart, der zu meiner Freude sehr freundlich aussieht und ungefähr in meinem Alter ist. Ich erkläre kurz und knapp, dass ich aus Deutschland komme, dass ich auf dem Weg nach Dublin bin, dass ich nicht einen Cent bei mir habe und dass das Ganze was mit einer Frau zu tun hat. Dann bitte ich ihn um Erlaubnis, meine Ein-Liter-Benzin-Schnorrer-Methode fortsetzen zu dürfen. Die Geschichte scheint ihm zu gefallen. Er spendiert mir einen Kaffee aus dem Automaten.

Dann sagt er: »Begging isn't allowed right here. Why don't you work for the gas?«

Er drückt mir einen Wassereimer und einen Fensterwischer in die Hand. Solange sein Chef noch nicht hier sei, könne ich die Tankenden fragen, ob ich deren Scheiben putzen darf. Ich bin begeistert. Natürlich!

Ich nehme mein Schicksal wieder selbst in die Hand, anstatt darauf zu warten, dass mir irgendjemand sein Benzin schenkt. Los geht's! Ich parke Romeo direkt vor dem Tankstellenhäuschen, reiße eine Seite aus meinem Tagebuch und bastle mir ein Schild mit den folgenden Zeilen:

> **Without any money from**
> **Bochum to Dublin?**
> **Is this possible?**
> **Thank you very much!**

Das Schild stecke ich an meinen Motorradhelm und lege ihn vor meinen Roller. Dann ziehe ich mich auf die Toilette zurück. Völlig zerknittert von der unruhigen Nacht auf dem Bauernhof gilt es, wieder etwas Ordnung in meine Erscheinung zu bringen.

Aufgeregt stehe ich neben Romeo. In der linken Hand der Eimer mit dem Fensterputzzeug und in der rechten der Fensterwischer. Ich fühle mich wie am ersten Schultag. Jedes Mal, wenn ein Auto zum Tanken hält, signalisiere ich lächelnd meine Bereitschaft, die Scheiben zu putzen. Aber es dauert. Die ersten drei Fahrer winken ab. Es ist jetzt acht Uhr morgens. Ich benötige um die neun Euro für einen vollen Tank.

Dann ist es so weit. Ein dicker Familienvater mit zwei kleinen Kindern auf der Rückbank winkt mich an seinen VW-Kombi heran. Ich tunke meinen Wischer in den Eimer und beginne, die Frontscheibe einzuseifen. Mit der anderen Seite des Wischers ziehe ich die Flüssigkeit in regelmäßigen Bahnen wieder ab. Nach einer knappen Minute ist mein Dienst verrichtet und die Scheibe sauber. Ich nehme meinen Helm mit dem selbst gebastelten Schild und empfange den Fahrer auf seinem Rückweg vom Begleichen der Tankrechnung. Er liest meinen Text, legt ein Zweieurostück in den Helm und grinst.

Dann ist er verschwunden und ich wische bereits die nächste Scheibe. Diesmal die eines Porsches mit Münchener Kennzeichen. Die Fahrerin weist mich mehrmals auf einige Restflecken hin, bevor sie mir ein Fünfzigcentstück in die Hand drückt. Ich blicke zum Tankwart. Der schenkt mir ein breites Lächeln und einen nach oben gerichteten Daumen. Es ist unglaublich. Ich werde reich!

Nach drei weiteren Scheiben beträgt mein gesamter Umsatz innerhalb von zwei Stunden 5,50 Euro. Die Tatsache, dass ich mich ganz und gar aus eigener Kraft aus dieser Situation herausarbeite, fühlt sich großartig an. Jeder verdiente Cent bringt mir Benzin. Ist mein Benzin alle, ist meine Reise zu Ende. Eine schlichte, aber entscheidende Erkenntnis.

Ich mache eine Pause und greife zu meiner kleinen Gitarre. Ich bin weiß Gott kein Gitarrist, aber das Improvisieren mit meinen viereinhalb Griffen macht Freude. Zur Feier des Morgens entscheide ich mich, mir einen Schokoriegel als Frühstück zu gönnen. Der schmeckt köstlich, kostet allerdings 80 Cent, was mein Gesamtbudget auf 4,70 Euro reduziert. Ich greife wieder zu Eimer und Wischer, als plötzlich ein glatzköpfiger Mann um die fünfzig vor mir steht.

»Was machen Sie hier?«, fragt er mit einem starken holländischen Akzent.

Bevor ich antworten kann, steht bereits der Tankwart neben ihm und erklärt auf Holländisch meine Situation. Wie sich herausstellt, ist der glatzköpfige Mann der Chef des Tankwarts. Er gibt mir zu verstehen, dass ich hier nicht arbeiten darf und dass ich jetzt schleunigst verschwinden sollte. Also schiebe ich Romeo an eine der Zapfsäulen und tanke für genau 4,70 Euro Benzin. Dann gehe ich ein letztes Mal zu meinem freundlichen Tankwart und bezahle. Er hinterlässt als Erster seine goldene Unterschrift auf Romeo und wünscht mir viel Glück für die Zukunft.

Mein Tank ist halb voll. Es ist zwölf Uhr mittags. Ich fahre wieder auf die Autobahn, geradewegs Richtung Antwerpen, der belgischen Stadt der Mode und der Diamanten.

Die nächsten zwei Stunden gehören ganz und gar der Autobahn. Immer auf dem rechten Fahrstreifen und immer 80. Ich liefere mir aussichtslose Rennen mit diversen Fernfahrern und deren Lkws, die ich je nach Verkehrslage immer wieder überholen kann, bis sie mich dann kurz darauf mit einem unsanften Überholmanöver in meine Schranken weisen. Genau aus diesem Grund wollte ich das Autobahnfahren vermeiden. Ich bin hier definitiv das schwächste und langsamste Glied der Nahrungskette.

Es kommt aber auch zu schönen Augenblicken mit vorüberfahrenden Autofahrern. Die Gitarre auf dem Rücken, mein goldbeschrifteter Helm und der Name

Romeo sorgen für lächelnde Gesichter und grüßende Handzeichen.

Kurz vor Antwerpen ist der Tank wieder leer. Ich fahre auf die nächste Raststätte. Die trägt den verheißungsvollen Namen »E 17 snack«. Auch hier gibt es eine Tankstelle. Und auch hier ist mein frisch erlerntes Reinigungstalent sicherlich von Nutzen. Voller Optimismus betrete ich die Tankstelle:

»Hello! My name is Jonas from Germany. I'm in love. So I'm travelling from Bochum to Dublin without no money. Can I clean some windows here for earning the gas I need?«

Der Tankwart ist für einen Moment sprachlos. Dann fängt er an zu lachen und antwortet: »Sorry boy, I can't give you permission to clean windows here. But if your story is true, I will definitely pay for a tank full of gas myself!«

Jetzt bin ich sprachlos. Meint der das ernst? Und bevor ich antworten kann, meldet sich eine Frau in der Reihe hinter mir zu Wort: »Sweetheart! That's lovely. Have you already had breakfast?«

Ich bin fassungslos, geradezu zu Tränen gerührt. Und ehe ich begreife, was geschieht, ist Romeo vollgetankt und ich sitze mit einem Stück Schokoladen-Bananen-Kuchen und dem zweiten Kaffee des Tages auf einer Bank vor der Tankstelle. Auf Romeos Flanke glänzen zwei neue Unterschriften golden in der Mittagssonne.

Erste Regentropfen fallen. Es donnert. Ein Blitz durchzuckt den schwarzen Himmel. Ich fahre ab.

Antwerpen ist grau und kalt. Die Altstadt ist schnell gefunden und Romeo in einer kleinen Seitengasse geparkt. Schwer bepackt mit Reiserucksack, Gitarre, Helm und Umhängetasche mache ich mich auf einen ersten Erkundungsmarsch. Um Romeo wiederfinden zu können, suche ich nach einem Detail, das die Gasse einzigartig macht. In einiger Entfernung entdecke ich ein Denkmal, bestehend aus zwei Figuren. Beim Näherkommen erkenne ich ein tanzendes Paar: Sie hat die Augen geschlossen. Er trägt eine Halbmaske und berührt ihre Wange. Ein Kuss liegt in der Luft. Ich werfe Romeo einen letzten Gruß zu und wundere mich im selben Augenblick über die freundschaftliche Beziehung, die ich in so kurzer Zeit zu einer Maschine aufgebaut habe.

Antwerpen hat mir an diesem 5. August 2005 leider nicht viel mehr zu bieten als stetig stärker werdenden Regen. Meine Klamotten werden nasser und schwerer und ich immer müder und genervter. Zwei Stunden laufe ich alle wesentlichen Einkaufsstraßen hoch und runter, stapfe durch regenbepfützte Gassen, komme an Kirchen vorüber und entdecke unzählige Cafés und Restaurants. Ich werfe einen Blick durch die Fenster und spüre Wärme und Geselligkeit. Aber vor allem spüre ich, dass ich daran nicht teilnehmen kann, pleite, wie ich bin. Das Gefühl zunehmender Einsamkeit treibt mich weiter und führt mich schließlich zu einem Kinderspielplatz. Dort suche ich Unterschlupf in einem kleinen blauen Haus mit rotem Dach.

Ich greife in die Innentasche meiner Lederjacke und

hole Huck hervor. Huck ist seines Zeichens Schlumpf. Um genau zu sein, Reiseschlumpf. Er ist mein Begleiter und erinnert mich an meinen besten Freund René. Er ist derzeit in Indien und wird von Tom begleitet. Tom ist ebenfalls ein Reiseschlumpf und wiederum der beste Freund von Huck. Huck ist sozusagen der Inbegriff einer frohen Reisenatur. Er trägt einen kleinen grünen Rucksack, einen Wanderstab und eine rote Blume an der weißen Mütze. Seine Augen sind wach und voller Freude.

Auch wenn er nichts anderes als eine unbedeutende Kunststofffigur für Kinder ist, so erweist er sich mir in diesem Augenblick an diesem regnerischen Tag in Antwerpen als mein einziger noch gebliebener Freund. Wehmütig stelle ich ihn aufs Fensterbrett und krame meine Gitarre hervor. Das einzige Lied, das ich einigermaßen spielen kann, ist *Knockin' on Heaven's Door*. Bereits nach den ersten drei Akkorden laufen mir die Tränen. Erst wehre ich mich noch. Aber da ja gerade niemand in der Nähe ist, lasse ich dem Schmerz seinen Lauf und heule los. Jetzt ist eh alles egal.

Als ich meine verheulten Augen wieder öffne, hat der Regen nachgelassen. Mir ist kalt, meine Zähne klappern. Es wird Zeit, in Bewegung zu kommen.

Überrascht stelle ich fest, dass Huck nicht mehr auf dem Fensterbrett steht. Ich stecke meinen Kopf aus dem Fenster und suche den Boden ab. Fehlanzeige. Keine Spur von meinem Schlumpf. Panisch renne ich aus dem blauen Häuschen und suche die Gegend nach einem möglichen Dieb ab. Auf der Wippe im nahegelegenen

Sandkasten sitzt ein kleines Mädchen, ihm gegenüber seine Mutter. Einer Ahnung folgend nähere ich mich den beiden. Tatsächlich: Das Mädchen hält Huck fest umschlossen in der rechten Hand. Erleichterung!

Im Tausch für meinen teuren Weggefährten biete ich Sue, dem kleinen Mädchen, meine Dienste als Wippgefährten an. Um den Handel abwickeln zu können, übersetzt die Mutter mein Angebot ins Flämische. Sue zaudert und lässt ihr spektakuläres Talent zum Heulen aufblitzen. Im Gegenzug werfe ich mein gesamtes schauspielerisches Repertoire in den Ring. Ich verwandle mich in diverse Tiere, Fahrzeuge, Gegenstände und Untote, um Huck zurückzuerobern. Schließlich ist der Schlumpf nicht mehr interessant und kehrt sicher in meine Jackentasche zurück. Kind und Mutter sind begeistert. Auch mir hat das Toben meine Energie zurückgebracht. Mir ist warm. Jetzt heißt es wieder handeln statt heulen.

Bevor die beiden nach Hause gehen, frage ich die Mutter um Rat. Sie hat selbst Jahre auf der Straße gelebt und war heroinabhängig, erzählt sie. Seit der Geburt ihrer Tochter hat sie ihr Leben wieder im Griff. Sie weiß, was es bedeutet, »on the road« zu sein. Zum Abschied schenke ich Sue meinen silbernen Schlüsselanhänger in Form einer Sonne. Wenn alle Stricke reißen, kann ich heute Nacht bei den beiden auf der Couch pennen. Aber vorerst suche ich den Ort von Antwerpen auf, wo sich die Jugend versammelt, wenn es Abend wird. Da, hat Sues Mutter gesagt, finde ich sicher jemanden, der mir weiterhelfen kann.

Gegen 18 Uhr betrete ich den großen Platz vor der Kathedrale. Der Regen ist in ein leises Nieseln übergegangen. In der Mitte des Platzes steht ein prachtvoller Brunnen, an dem sich eine Gruppe von Jugendlichen versammelt hat. Aus einem Gettoblaster ertönt *Wish You Were Here* von Pink Floyd.

Ich sage Hallo und frage nach einer Zigarette. Der einzige Junge der Gruppe bietet mir eine Marlboro an. Ich verabscheue den Geschmack von Marlboro-Zigaretten, nehme aber dankend an.

»Where do you come from?«, fragt er.

»Bochum, Germany«, sage ich.

Er wirft einen Blick auf meinen Helm.

»And you are going to Dublin?«

»Yes.«

Die Mädels in seiner Gruppe tuscheln und beginnen zu lachen.

»I'm Paul. What's your name?«

»My name is Jonas.«

Ich denke an meinen Bruder.

»My brother's name is Paul, too.«

Er grinst und wirft einen Blick zu den Mädels.

»You smoke?«, fragt er verführerisch.

Eine halbe Stunde später sitzen Paul, Nadja, Yasmine, Stephanie, Marlies und ich in einem stillgelegten Bootshaus am Fluss und kiffen. Paul ist achtzehn und Sprayer. Er ist mir sofort ans Herz gewachsen. Überall zeichnet er unlesbare Schriftzüge und rätselhafte Figuren hin. Jetzt spielt er auf meiner Gitarre und reicht mir einen gigantischen Joint. Ich bin sofort total breit. Die Mädels sind so eine Art Fanclub von Paul und bewundern ihn bei jeder sich bietenden Gelegenheit.

Wir quatschen über Schule, Ferien, meine Reise nach Irland und natürlich über die Liebe. Paul erzählt mir von seiner derzeitigen Problematik mit einem der anwesenden Mädchen. Nadja. Eine siebzehnjährige Schönheit aus Lettland. Und ich erkläre ihm, warum ich komplett mittellos in Antwerpen gestrandet bin. Schnell sind wir uns einig, wofür es sich im Leben zu kämpfen lohnt. Er drückt mir ein Fernglas in die Hand und deutet auf die andere Seite des Flusses. Ich blicke hindurch und erkenne ein riesiges Graffiti: »LOVE«. In gigantischen weißen Großbuchstaben. Wir kriegen einen Lachflash und umarmen uns.

Paul wird in den nächsten Stunden zu meinem Manager. Er organisiert für Romeo einen sicheren Stellplatz für die Nacht, die Garage seiner Mutter. Dann rennen wir quer durch Antwerpen, von einer Bank zur nächsten. Paul möchte mich zum Abendessen einladen. Doch das erweist sich als schwierig. Entweder sind die Automaten defekt oder seine Karte wird nicht akzeptiert. Am Ende gibt er dreimal die falsche PIN ein und seine Karte wird eingezogen.

»Don't worry«, sagt er.

»Now we are the same«, sage ich.

Lachflash.

Eine Stunde später befinde ich mich vor dem Eingang einer dunkelblauen Villa am Rande der Stadt. Paul hat mich zu einer Party eingeladen. Die Eltern eines Freundes sind im Urlaub. Das Haus gehört uns, sagt er.

Kaum sind wir drin, hören wir erste sphärische Elektroklänge. Wir steigen eine schwarze Wendeltreppe empor in den zweiten Stock, folgen einem langen, in Rot gehaltenen Gang und betreten einen Raum, der uns zurück in die Siebzigerjahre führt. Gelbe Lavalampen, exotische Zimmerpflanzen, eine einladende Kissenlandschaft. Und ein blinkendes DJ-Pult, hinter dem ein langhaariger, blasser Typ steht. Nick. Der beste Kumpel von Paul und Experte auf dem Gebiet der Goa-Musik. Er ist im Begriff, einen Joint zu bauen, während er gleichzeitig die nächste Platte auflegt.

»Welcome to my parents' place«, begrüßt er mich. »Enjoy yourself!«

Sofort reicht Paul mir eine große Schüssel und sagt: »It's time for dinner.«

Gierig verschlinge ich Salzbrezeln, Erdnussflips und Wasabi-Nüsse, bis der erste Hunger gestillt ist. Ein Mädchen drückt mir eine Flasche Erdbeerlikör in die Hand und strahlt mich an. Es ist Nadja, der Engel aus Lettland. Schon bald versinke ich in einem Berg aus Kissen. Abwechselnd werden mir Joints und alkoholische Getränke gereicht. Irgendwann bin ich total besoffen und komplett bekifft. Ich brauche dringend eine Pause und gehe auf die Dachterrasse. Der Nachthimmel ist sternenklar.

Paul hat mir angeboten, die nächsten Tage bei ihm in Antwerpen zu wohnen und mir einen Job zu organisieren. Er will mir die schönsten Plätze der Stadt zeigen und mir seine Mutter vorstellen. Jemand berührt mich am Arm. Es ist Nadja. Sie schaut mich an und lächelt.

»You are very beautiful«, sage ich.

»You too«, sagt sie.

Wir blicken in den Himmel und sagen nichts mehr. Plötzlich taucht Paul auf und will, dass Nadja und ich zurück auf die Party kommen. Ich spüre meine tiefe Erschöpfung und wünsche beiden eine gute Nacht. Paul zeigt mir den Weg in mein Schlafzimmer und verabschiedet sich mit den Worten: »Life is crazy!«

Ich schließe die Augen und schlafe sofort ein.

Tag 2

Es ist zwölf Uhr mittags. Ich habe Kopfschmerzen und tierischen Durst. Paul klopft an meine Zimmertür. Er hat zwei Tassen schwarzen Kaffee dabei.

»You like her?«, fragt er völlig verschlafen.

»I like you«, antworte ich und beginne mein Zeug zusammenzupacken.

»Why don't you stay?«

So verlockend Pauls Angebot auch klingt, ich spüre, dass es Zeit zum Aufbrechen ist. Ich vermisse meinen Roller und das Gefühl des Weiterreisens.

Zum Abschied verewigt Paul sich mit einem kleinen goldenen Gemälde auf Romeo. Ein fahrendes Motorrad, auf dem ein rauchendes Skelett sitzt. Ich danke ihm und er dankt mir. Wir tauschen unsere Adressen aus. Er zeigt mir noch die Straße in Richtung Brügge. Ein letztes Peace-Zeichen und er ist verschwunden.

Der Fahrtwind auf der Autobahn nach Brügge macht mich wieder wach. Antwerpen hat mir etwas gezeigt. Einerseits trennt mich das Kein-Geld-Haben vom gesellschaftlichen Leben. Ich kann mir nichts kaufen, keinen Kaffee trinken gehen, kein Schnitzel essen, wenn mir danach ist. Andererseits bin ich gezwungen, mit Menschen in Kontakt zu treten, die ich im Besitz von Geld niemals kennengelernt hätte.

Die Benutzung einer Toilette, der Verzehr eines Schokoriegels, ein Gespräch mit einem fremden Menschen, der mir den Weg zeigt. All das bekommt einen ungeahnten Wert und schenkt mir ein intensives Lebensgefühl. Mein Denken ist gegenwartsorientiert. Meine Sinne sind wach. Immer auf der regen Suche nach einem vielleicht winzigen Detail, das der Schlüssel für den nächsten Schritt sein könnte.

Franki ist offenkundig ziemlich angetrunken. Seine oberen beiden Schneidezähne fehlen. Er hat sich zu mir gesetzt, um mir zu erklären, dass wir dringend eine Band gründen sollten. Seit einer Stunde spiele ich verschiedene Variationen von *Knockin' on Heaven's Door* vor einem Brunnen am Rande der Brügger Altstadt. Ganz oben auf dem Brunnen sitzt ein bronzener Typ, der mit seiner rechten Hand die Augen vor der Sonne abschirmt und in die Ferne blickt.

Franki ist mein einziger Zuhörer. Gelegentlich stimmt er lallend mit in den Refrain ein. Huck sitzt im Inneren meines umgedrehten Motorradhelms, als Glücksbringer. Hin und wieder sorgt seine Anwesenheit für Begeisterung, zumindest bei den jüngeren Passanten. Ansonsten beachtet uns niemand. Enttäuscht lasse ich schließlich die Gitarre sinken. Franki springt auf, fängt frenetisch an zu klatschen und wirft mir 50 Cent in den Helm.

Im selben Moment tauchen zwei Polizisten auf und weisen mich auf das strikte Straßenmusikverbot an diesem Brunnen hin. Wenn ich kein saftiges Bußgeld bezahlen will, sollte ich mich unverzüglich von hier wegbewegen. Bevor Franki ausfallend werden kann, drücke ich ihm meinen zweiten Helm in die Hand. Fluchend wuchtet er sich auf Romeo. Im Schritttempo tuckern wir ins Herz der Altstadt. Brügge ist schön. Voller alter Häuschen und Wassergräben. Vor einem mittelalterlichen Torbogen kette ich Romeo an eine Laterne.

Franki will in seine Lieblingskneipe. Ich soll ihm ein Bier spendieren. Noch einmal erkläre ich ihm, dass mein Reisekonzept den Besitz von Geld nicht vorsieht. Bis auf seine 50 Cent sind meine Taschen leer. Er mustert mich, nuschelt etwas Unverständliches von Jesus Christus und torkelt von dannen. Es ist 15 Uhr. Wieder stellen sich folgende Fragen: Was essen? Wo schlafen? Wie tanken? Zunächst erleichtere ich meine Blase im dunkelsten Winkel des Stadttores. Dann beginnt meine Suche nach Arbeit. Calais ist nicht mehr fern, und bisher habe ich nicht darüber nachgedacht, wie ich eigentlich die Fähre nach Dover bezahlen will.

Brügge ist an diesem 6. August 2005 voll mit Touristen. Die meisten Menschen, denen ich begegne, sind nicht aus der Stadt und geben mir bestenfalls Tipps für die schönsten Postkartenmotive. Richtungslos lasse ich mich treiben. Wahllos betrete ich etliche Cafés, Kneipen und Restaurants. Kellner werden derzeit nicht gesucht. Mein Angebot, die Toiletten zu putzen wird ebenfalls abgelehnt. An einer Tankstelle nahe der Stadtmauer entdecke ich einen Aushang: »Aushilfstankwart gesucht«.

Allerdings ist der Chef in Brüssel und kommt erst morgen Abend wieder.

Ich laufe weiter und weiter. Der Rucksack wird schwerer und schwerer. Ich bin völlig nass geschwitzt. In einem Garten sehe ich eine alte Dame, die ihre Blumen gießt. Ich biete ihr an, den Rasen zu mähen.

»I'll call the police!«, schimpft sie und wendet sich ab.

Jetzt knie ich am Rande einer Gracht und wasche mir den Schweiß von Händen und Gesicht. Was kann ein Schauspielschüler schon arbeiten? Ganz ohne Bühne. Ganz ohne eigene Sprache. Die Gedanken nehmen ihren Lauf … Ich bin so ein Idiot und es kotzt mich an. Diese ganze Scheiße mit der Romantik. Brügge ist so was von beschissen. Ich will nach Hause!

Jeder Beherrschung zum Trotz stehe ich gegen 17:30 Uhr fluchend in Brügge und verwünsche den Tag meiner Abreise. Meine deutsch-englischen Beschimpfungen werden lauter und bösartiger. Nach einem besonders emotionalen »Fuck Brügge!« halte ich inne. Ein Echo. Ich vernehme ein Echo. Irritiert blicke ich mich um.

»Fuck Brügge fuck!«, schallt es jetzt deutlich von der gegenüberliegenden Seite der Gracht.

Und tatsächlich, da steht jemand, der mir zuprostet, während er genussvoll meine Beschimpfungen erwidert.

Franki.

Wir sitzen auf einer Bank nahe der Gracht und starren ins Wasser. Franki trinkt Bier aus einer Dose. Er ist stockbesoffen und immer noch am Schimpfen. Seit

Monaten ist er obdachlos. Eigentlich wollte er Musiker werden, aber alles kam anders. Er fragt mich nach meiner Gitarre. Nachdem er sie richtig gestimmt hat, fängt er an zu spielen. Trotz Trunkenheit gelingt es ihm, ein Lied von Johnny Cash zu covern: *Ring of Fire*.

Ich greife in meinen Rucksack und hole eine rote Erdbeere heraus, eine Rassel aus Plastik. Gemeinsam jammen wir einige Minuten. Als der Song zu Ende ist, reicht Franki mir seine Bierdose: »Cheers!«

Ich nippe und stelle fest, dass das Bier aus Irland stammt. Guinness. Mir kommt eine Idee. Eine Viertelstunde später stehe ich vor einem Irish Pub, dem »Celtic Ireland«. Franki hat mir den Weg beschrieben.

»Crazy bastard!«, grölte er zum Abschied.

»For the band«, erwiderte ich und drückte ihm die Erdbeerrassel in die Hand.

Kaum habe ich den Pub betreten, will ich ihn auch schon wieder verlassen. Eine monströse Bulldogge kommt zähnefletschend auf mich zugerannt. Der Versuch, mich rückwärts nach draußen zu stehlen, wird jäh von einem schrillen Pfiff vereitelt. Hinter dem Tresen taucht ein blonder Lockenkopf auf. Wes, das werde ich gleich erfahren, ist Spüler und das Mädchen für alles im »Celtic Ireland«. Er winkt und steckt zwei Finger in den Mund. Ein weiterer Pfiff schallt durch den rustikalen, matt beleuchteten Raum. Prompt bleibt Lila, seine mächtige Bulldogge, stehen und macht »Platz«. Sie winselt. Dicke Speichelfäden tropfen auf den hölzernen Fußboden.

»She's just a softy princess really. But she likes bikers for dinner!«

Lachend tänzelt Wes zu seiner Hündin und krault ihr den Bauch.

»What's up, dude? What can I do for you?«

Seine Augen funkeln mich neugierig an.

»To be honest, I'm in trouble«, sage ich.

»Sometimes it's fun to be in trouble!«

Er nimmt Lila in den Schwitzkasten. »Isn't it!?«

Cooler Typ, denke ich und frage ihn, ob er der Einzige ist, der hier arbeitet.

»I'm the boss«, erklärt er mir stolz und lädt mich auf eine Cola ein.

Wes ist gerade zwanzig geworden und neben seinem Job als Kneipenkraft vor allem eins: leidenschaftlicher Rennfahrer. Am Wochenende trifft er sich gelegentlich mit seinen Kumpels, um die Brügger Nächte unsicher zu machen. Wenn alles schläft, liefern sie sich halsbrecherische Wettrennen in aufgemotzten Karren. Der größte Kick dabei: Duelle mit der Polizei. Bis jetzt haben sie ihn nicht erwischt, triumphiert er. Allerdings ist sein Rennauto vorübergehend außer Betrieb. Probleme mit dem Vergaser.

»That's more painful than the fact my girl left me two days ago. – Well. She didn't like cars.«

Er lacht mich an.

»Where's your bike, dude?«

Zehn Minuten später kennt Wes meine komplette Geschichte.

»What a race!«, staunt er ungläubig über den Tresen.

Er greift hinter sich ins Regal und füllt zwei kleine Gläschen mit einem grünen Schnaps. Ein Trinkspruch auf Flämisch und wir kippen uns das Zeug hinter die Binde. Dann schließen wir einen Pakt.

Die Sache ist einfach: Das »Celtic Ireland« verfügt über einen großen Getränkekeller. Dieser Keller ist der einzige Ort im Pub, den seit Wes' Gedenken niemand geputzt hat. Und das sind mittlerweile mehr als drei Jahre. Könnte Wes die Geschäftsleitung von unserer Idee überzeugen, hätten wir eine Win-win-Situation: Wes würde seine Putzpflicht an mich abtreten – und ich hätte endlich einen Job!

Es ist kurz vor sieben und die Belegschaft trifft ein. Wes stellt mich unverzüglich den Betreibern des »Celtic Ireland« vor. Drew und Dominique, ein Pärchen aus Brügge. Er umreist kurz und äußerst charmant unser Vorhaben. Dann liegt es an mir. Ich erzähle meine Geschichte und weise auf die Verbindung eines Irish Pubs in Brügge und meinem Reiseziel Dublin hin. Irland ist mein Ziel, die Liebe mein Antrieb und der Wegweiser dahin: das irische Bier. Oder so ähnlich.

Drew und Dominique schmunzeln und willigen ein. Sie bieten mir einen Stundenlohn von sieben Euro.

Heldenmutig und voller Tatendrang steige ich hinab in einen der ältesten Keller von ganz Brügge. Wes hat mir nicht zu viel versprochen: Der Keller ist ein Drecksloch. Es stinkt nach Verwesung. Keine Fenster, überall Bierpfützen, kaputte Gläser und nur eine einzige schummrige Glühbirne.

In den nächsten eindreiviertel Stunden putze ich mir die Seele aus dem Leib. Das ist der Job, auf den ich so lange gewartet habe. Und ja, er ist hart. Aber er verschafft mir neuen Optimismus. Jeder Handgriff macht mich mutiger und stärkt den Glauben an mein tot geglaubtes Reisevorhaben. Ich werde diese grüne Insel erreichen! Und mir beweisen, dass meinem Gefühl zu folgen die richtige Entscheidung war. Auch wenn ich mich durch ganz England putzen muss!

Nass geschwitzt, stinkend und völlig verausgabt betrachte ich schließlich mein Werk. Ich kann es selbst kaum glauben. Das mittelalterliche Kellerloch strahlt vor Sauberkeit. Ich habe Fässer gewuchtet, Kisten sortiert, Müllsäcke gestopft und literweise Bier aufgewischt. Ich bin zufrieden. Der Job ist erledigt.

Mittlerweile haben meine amourösen Irland-Ambitionen die Runde gemacht. Man redet über mich. Die Kellnerinnen und Kellner werfen mir respektvolle Blicke zu.

Drew und Dominique haben mir staunend versichert, dass der Keller noch nie so sauber war. Wes hat mich beglückwünscht und mir eine warme Mahlzeit auf den Tisch gestellt: asiatische Hähnchenpfanne. Ich fühle mich leer und glücklich. Essend genieße ich den Moment.

Es ist 21:30 Uhr. Ich stehe im Büro des »Celtic Ireland«. Dominique überreicht mir meinen Lohn für eindreiviertel Stunden Arbeit. Ganze 14 Euro. Er hat zu meinen Gunsten aufgerundet. Meine Augen leuchten. Das sind eineinhalb Tankfüllungen für Romeo! Ich gebe ihm die

Hand und bedanke mich aus vollem Herzen für diese Chance. Bevor ich seiner Freundin Drew die Hand geben kann, greift Dominique in seine Hosentasche und holt ein Bündel Geldscheine hervor.

»We like what you do, Jonas. Take this for the ferry from Calais to Dover.«

Er zieht einen Fünfzigeuroschein aus dem Bündel und gibt ihn mir.

»And by the way«, fügt er lächelnd hinzu, »the staff like it, too. They've collected something for you.«

Noch einmal zieht er einen Fünfziger hervor und drückt ihn mir in die Hand. Was soll ich sagen? Gar nichts kann ich sagen. Ich fange an zu weinen. Diesmal vor Glück. Zur Feier dieses glorreichen Tages lade ich Wes nach Feierabend auf ein Bier ein. Nie zuvor hat mir ein Guinness so gut geschmeckt!

Wes hat mir angeboten, in seinem stillgelegten Rennauto zu pennen, einem tiefergelegten roten VW Golf. Jetzt sind wir zu viert unterwegs: Romeo, Lila, Wes und ich.

»Don't worry. It's not her first time«, grinste Wes, als er zusammen mit seiner jaulenden Hündin auf meinem Motorroller Platz nahm. Nun sitzt Lila zwischen uns. Ihr scheint die Fahrt zu gefallen. Immer wenn wir links abbiegen, schlabbert sie sanft an meinem linken Ohr. Wes kommentiert von hinten: »It's dinner time!«

Wir fahren durch die Nacht von Brügge. Ein neureicher Romantiker und sein vollgetankter Roller. Ein draufgängerischer Tellerwäscher und seine sabbernde Bulldogge.

Tag 3

Bei Sonnenschein auf dem Weg zum Meer. Die Taschen voller Gold. Romeo erweist sich als treuer Gefährte. Seit sieben Jahren ist er der Meine. Ein Geschenk meiner Großeltern zum sechzehnten Geburtstag. Seitdem kein Platten. Keine Panne. Jetzt wächst er über sich hinaus. In der weiten Meeresebene vor Calais fahren wir 90. Mit offenem Visier rufe ich ihren Namen in den Fahrtwind und hupe meiner Zukunft entgegen.

Am Horizont tauchen erste Schornsteine auf. Fabriken werden sichtbar. Möwen gleiten durch die Lüfte. Ich rieche den Ozean. Ein Verkehrsschild glitzert am Straßenrand: »Port Calais«. Ich gehe vom Gas und fahre ab. Eine leichte Steigung, dann der Blick aufs Meer.

Der Goldgehalt von Romeos Silberlackierung nimmt täglich zu. Alle Mitarbeiter des »Celtic Ireland« haben sich beim Abschied auf ihm verewigt. Neben Unterschriften finden sich etliche kleine Bilder und Reisewünsche: von einem schlichten *»Take care«*, über ein geistreiches *»Life is a tragedy to those who feel and a comedy to those who think«*, hin zu einem ermunternden *»Smile, it's free!!!«*. Und ein T-Shirt haben sie mir geschenkt. Ein schwarzes in Übergröße mit dem weißgoldenen Guinness-Schriftzug auf der Brust.

Am 7. August 2005 um 12:45 Uhr sticht meine Fähre von Calais nach Dover in See. 56 Euro kostet mich die Überfahrt. Sonnenbebrillt stehe ich an der Reling und genieße den Wind und die Wassertropfen im Gesicht. Romeo steht fest verankert irgendwo unter Deck. Sein Tank ist voll. Er ist bereit für die Insel. Abzüglich Überfahrt, zweimaligem Tanken, der zwei Guinness in Brügge und einem kleinen Frühstück, bestehend aus einem doppelten Espresso, einem O-Saft und einem Croissant mit Himbeermarmelade, verbleiben mir 26 Euro und 83 Cent. Mein Startguthaben für England.

Neben Berufspendlern, Touristen und einigen Kindern befindet sich auch ein Biker an Deck. Er ist, wie ich, komplett in schwarzes Leder gekleidet. Ein einziger Blick in seine Augen genügt und wir kommen ins Gespräch. Er heißt Miro und hat leuchtende blaue Augen. Er ist gebürtiger Tscheche, lebt aber in England. Sein Geld verdient er als Investmentbanker. Seine Leidenschaft gehört allerdings dem Motorradfahren.

»My wife is pregnant!«, strahlt er mich an. »I'm in a hurry.«

Miro war gerade in Florenz, als er einen Anruf aus England bekam. Seine Frau hat frühzeitig die Wehen bekommen. Jetzt fährt Miro seit achtzehn Stunden ununterbrochen Motorrad, um rechtzeitig bei ihr zu sein. Pausen macht er nur zum Tanken und Pinkeln.

Ich berichte ihm von meinem Reiseziel und der ebenfalls weiblichen Motivation dahinter.

»Fortune favours the brave«, schreibt er daraufhin in mein Tagebuch.

Und als am Horizont die weißen Klippen von Dover erscheinen, schenkt mir Miro sein vom Fahrtwind durchlöchertes Halstuch. Es hat dieselbe strahlend blaue Farbe wie seine Augen.

Die Überfahrt dauert insgesamt eine knappe Stunde. Dann erreichen wir den Hafen von Dover. Die berühmten Klippen ragen vor mir in den Himmel. Weiß und gewaltig. Im Schritttempo fahre ich von Bord und erreiche englischen Boden. Was kommt jetzt? Soll ich es wagen und mein Glück in London versuchen? Ich kenne die Stadt von meiner Abifahrt. Die war aber nur vier Tage lang und ist mittlerweile fünf Jahre her.

Ich bin noch keine dreihundert Meter weit gefahren, da sehe ich am linken Straßenrand einen hageren Typen stehen. Er hat eine Gitarre auf dem Rücken und hält ein Pappschild in der Hand. Ein Tramper nach London. Kurz entschlossen fahre ich links ran.

»You need a lift to London?«, rufe ich zu ihm rüber.

»Yes«, antwortet er mit starkem Akzent.

Der Typ ist offensichtlich Franzose.

»You wanna go with me?«

Ich biete ihm den Sitzplatz hinter mir an.

»Merci. But I don't have a helmet.«

Missmutig zieht er die Schultern hoch.

»No problem«, erwidere ich. »I've got one!«

Der lange Franzose macht große Augen, als ich meinen zweiten Helm aus dem Helmfach hole. Er heißt Cyril und kommt aus Lille. Er ist knapp einsneunzig groß, total dünn und trägt eine rechteckige schwarze

Brille. Um in seine Augen zu sehen, muss ich den Kopf heben. Neben seiner großen Gitarrentasche hat er einen noch größeren Reiserucksack und eine prall gefüllte Umhängetasche dabei. Wir benötigen mehrere Anläufe, um Romeo fahrtauglich zu bepacken. Schließlich ergibt sich folgendes Bild: Mein Rucksack steht auf Romeos Trittbrett. Meine Gitarre ist auf meinen Bauch geschnallt. Rechts neben mir baumelt meine Umhängetasche. Hinter mir sitzt Cyril und hat seinen Rucksack auf dem Rücken. Zwischen uns sitzt seine große Gitarre. Und links neben uns baumelt Cyrils Umhängetasche. Außerdem hat Cyril einen etwas zu großen Kopf für meinen etwas zu kleinen Helm. Sein Kinn guckt unten raus.

Ich rede Romeo gut zu und gebe Gas. Schnell finden wir die Autobahn nach London. Aber nur langsam kommen wir voran. 50. Mehr ist nicht drin. Mehr schafft Romeo beim besten Willen nicht.

Die Langsamkeit hat Vorteile. Cyril und ich tauschen während der Fahrt unsere Lebensgeschichten aus. Mit offenem Visier erzählt er mir von seinem Dasein als Student, den Parallelen von Mathematik und Musik, der Schönheit der Dichtung von Rimbaud. Fließend wechselt er dabei zwischen Englisch und Französisch. Jetzt sind Semesterferien und er braucht dringend einen Tapetenwechsel, möchte sein Glück in London versuchen. Vielleicht ein Buch schreiben. Vielleicht auch nicht.

Ein markerschütterndes Signal lässt unser philosophisches Zwiegespräch abrupt enden. Wie aus dem

Nichts ertönt hinter uns ein massives Hupkonzert. Es klingt wie das Gehupe einer Hochzeitsfeier. Mitten auf der Autobahn. Und ich werde das Gefühl nicht los, dass wir dabei eine entscheidende Rolle spielen.

Möglicherweise hat sich die Kunde meiner heldenhaften Taten bereits bis nach England verbreitet. Romeo ist mittlerweile eine gern gesehene und Segen bringende Erscheinung. Sein Fahrer ein begehrter Abenteurer aus dem fernen Bochum-Wattenscheid.

Tatsächlich verliere ich mich kurz in einem Traum narzisstischer Verheißungen, bevor mich Cyril laut rufend und wild rüttelnd aus selbigem erweckt: »Wrong side! Wrong side!«, brüllt er mir panisch ins Ohr.

Ich denke nach. Dann der Blick in den Rückspiegel und die erschütternde Erkenntnis: Das ist England. Da fahren die Leute auf der anderen Seite! Erschrocken reiße ich den Lenker nach links. Seit einer gefühlten Ewigkeit hat unser Trio den Überholstreifen blockiert. Und das mit 50. Hinter uns eine endlose Kolonne Autos. Erste wutentbrannte Fahrer schießen rechts an uns vorbei.

»God damn fucking German!«, schreit jemand aus einem vorbeirasenden Pkw.

Wir entscheiden uns für eine Mittagspause und verlassen die Autobahn. Erst mal durchatmen und runterkommen. Schon bald finden wir ein verlassenes Backsteinhaus mit verwildertem Garten. Stolz präsentiere ich Cyril die Wurst, die mir der Vater von Matthias geschenkt hat. Mein Messer kommt zum Einsatz. Es ist handgeschmiedet und hat einen mit Wolfsfell bezogenen Holzgriff. Mein Vater hat es mir zum achtzehnten Geburtstag geschenkt. Ich schneide die Wurst in große Scheiben. Wir trinken Leitungswasser aus Plastikflaschen und fläzen uns in der Sonne. Cyril packt seine Gitarre aus und beginnt zu zupfen. Dazu singt er leise auf Französisch.

Neben mir, im Licht der Mittagssonne, steht Huck, mein Reiseschlumpf. Er sorgt für allgemeine Heiterkeit und ist der frischen deutsch-französischen Freundschaft durchaus zuträglich.

Gegen frühen Abend erreichen wir die ersten Ausläufer einer Londoner Vorstadt. Der orange Himmel ist von violetten Wölkchen durchzogen. Es ist Rushhour. Alles steht. Cyril kann nicht mehr länger sitzen und steigt ab. Er läuft ein paarmal hin und her, knetet seinen Hintern und streckt die Glieder. Vor einem Supermarkt stehen zwei aufreizende Damen und rauchen.

»Hey Romeo!«, ruft eine der beiden und kommt auf mich zu. »Are you looking for Juliet?«

Sie lächelt verführerisch.

»I've already found her«, antworte ich.

»What a pity!«, sagt sie mit übertriebener Enttäuschung und bietet mir eine Zigarette an.

Ich bin überrascht. Sie ist gar keine Sie, sondern ein Er. Und er heißt Tony. Wir rauchen eine Zigarette zusammen und er präsentiert mir seine neuen Ohrringe. Dann kommt der Verkehr wieder in Bewegung.

»Welcome to London, sugar boy!«, ruft Tony uns nach.

Cyril grinst in den Rückspiegel und wir nehmen Fahrt

in Richtung Zentrum auf. Kilometer für Kilometer baut sich London vor unseren Augen zu einer immer größeren Metropole auf. Gewerbegebiete werden zu riesigen grünen Parks. Braune Backsteinhäuser verwandeln sich in gläserne Paläste. Wohin das Auge blickt: rote Doppeldeckerbusse und schwarze Taxis. Dann eine große Leuchtreklame: »Billy Elliot«. Der Victoria Palace. Ein Theater.

Es ist 20:30 Uhr. Victoria Station. Cyril und ich genießen die letzten Sonnenstrahlen und bestaunen den Trubel des Platzes. Ich erinnere mich an diesen Ort. Auf meiner Abifahrt waren wir ganz in der Nähe in einem kleinen, günstigen Hotel untergebracht.

Das »Oxford House Hotel« liegt in der Cambridge Street und ist schnell gefunden. Ich drücke die Klingel. Niemand öffnet. Einige Minuten stehen wir schweigend vor der geschlossenen grauen Holztür. Ein zweites Mal drücke ich den matt glänzenden Klingelknopf aus Messing. Nichts. Kein Geräusch.

Das Hotel wirkt unbelebt. Die meisten Fensterläden sind geschlossen. Wir sind im Begriff zu gehen, als die Tür plötzlich doch aufgeht. Vor uns steht eine junge Frau. Sie trägt ein blaues Kopftuch. Wir haben sie offenbar geweckt. Verschlafen freundlich fragt sie nach unserem Anliegen. Ich erkläre ihr, dass Cyril und ich nach einem Schlafplatz für die Nacht suchen und dass dieser aufgrund unserer finanziellen Situation sehr günstig sein müsste.

Wie sich herausstellt, ist die junge Frau die Tochter

des Hotelbesitzers. Sie heißt Fatima und kommt aus dem Iran. Ihr Vater ist derzeit in Teheran.

»How much is the cheapest place you have?«, frage ich sie.

Fatima hat schöne braune Augen. Ihr Blick ist sanft und freundlich.

»I'm very sorry«, sagt sie. »Our hotel is closed.«

Sie erzählt, dass ihr Vater sein Leben als Hotelier vor drei Wochen aufgegeben hat. Seitdem steht das Hotel leer und erste Renovierungsarbeiten haben begonnen.

»There are many more peaceful places in London at the moment.«

Sie empfiehlt uns ein anderes Hotel.

»We are just three tired friends looking for a simple place to sleep. We don't need no luxury.«

Ich ernte einen fragenden Blick.

»Three?«

Bedeutungsvoll hole ich Huck aus meiner Jackentasche hervor und reiche ihn Fatima. Huck ist wie immer ausgesprochen charmant. Im Handumdrehen bringt er Fatima zum Lächeln.

»How long do you guys wanna stay in London?«, fragt sie.

»As long as it takes to earn the money to get further«, antworte ich.

Es ist Nacht in London. Cyril und ich sitzen bei einem Stück Zwiebelkuchen in einer Eckkneipe nahe unseres neuen Zuhauses. Wir können unser Glück kaum fassen.

Fatima hat uns ein Doppelzimmer angeboten. Wir

müssten unsere Betten selber machen, die Duschen hätten derzeit nur kaltes Wasser und der Baustellenlärm würde von neun bis 17 Uhr andauern, sagte sie. Kämen wir damit zurecht, könnten wir die nächsten zwei Tage gerne im Oxford House Hotel residieren.

»When you leave, you pay what you are able to pay«, sagte sie lächelnd, als sie uns den Zimmerschlüssel übergab.

Tag 4

Der Morgen des 8. August 2005 beginnt mit einer Schlagbohrmaschine, die sich vom Apartment über uns langsam in unsere Köpfe bohrt. Nichtsdestotrotz sind Cyril und ich bester Laune. Die Nacht in einem Daunenbett mit Federmatratze war himmlisch! Während Cyril seine morgendlichen Yogaübungen vollzieht, schnappe ich mir ein Handtuch und renne ins Bad. Nach vier Tagen betrete ich endlich eine Dusche. Das eiskalte Wasser macht mich schlagartig wach und ein Lavendelduschgel verhilft meinem Körper zu einem neuen Duft.

Das Hotel hat den Charme einer anderen Zeit. Treppenhaus und Schlafzimmer sind in einer verblassten Blümchentapete gehalten, in Gelb, Grün und Blau. Sessel, Sofas und Stehlampen stammen aus den Fünfzigern. Die Badewanne steht auf kleinen, drolligen Katzenfüßen und hat jede Menge Rostflecken.

Jetzt sitzen wir mit Fatima und ihrem Onkel beim British Breakfast. Würstchen, Spiegeleier, frischer Bacon und schwarzer Kaffee. Fatima ist Medizinstudentin. Sie träumt davon, irgendwann eine eigene Praxis zu eröffnen und mit »Ärzte ohne Grenzen« in Krisengebieten zu arbeiten. Solange ihr Vater in Teheran ist, wacht ihr Onkel über die Bauarbeiten. Er heißt Azad und scheint die neuen Gäste seiner Nichte nicht besonders zu mögen. Wortlos trinkt er seinen Kaffee und wirft mir misstrauische Blicke zu.

Zur Feier des Tages lasse ich meine Lederkombi im Hotel und greife zu meiner Ausgehgarderobe: weißes Hemd, schwarze Krawatte aus den Siebzigern, blaue Jeans und ein blau-weiß gestreiftes Sakko, aufgrund der vier Tage im Rucksack etwas zerknittert, dazu Motorradstiefel. Auch Cyril wirft sich in Schale: schwarze Jeans, weißes Hemd und ein schwarzer Seidenschal. Hat ihm seine letzte Muse geschenkt. Wir schnallen uns die Gitarren auf den Rücken und ziehen los.

Die größte Stadt, die ich mit Romeo bisher befahren habe, war Köln. London gleicht einem anderen Stern. Nicht nur das Linksfahren erfordert meine absolute Aufmerksamkeit. Vom Verkehrsstrom mitgerissen, schaffen wir es, an der ersten großen Kreuzung links abzubiegen, wir geben Gas und fahren geradeaus. Dann wieder rechts, kleben uns an den nächsten Doppeldeckerbus, bleiben in einem Kreisverkehr hängen und drehen eine Extrarunde. Im Wechsel entscheiden Cyril und ich, wo wir als Nächstes abbiegen. Wir haben keine Ahnung, wo wir hinfahren. Wir lassen uns treiben und vertrauen unseren jeweiligen Richtungsimpulsen.

London strahlt in der Mittagssonne. Der Himmel ist wolkenlos blau.

Dann nehmen wir Kurs auf den Piccadilly Circus. Hupend überholen wir ein Taxi und erwidern den Gruß eines langhaarigen Straßenmusikers, der vor einem Brunnen Gitarre spielt. Beglückt heizen wir weiter und nehmen Fahrt auf Richtung Fluss. Wir fahren die Themse entlang bis zur Tower Bridge. Dort finden wir eine Tankstelle. Nach dem gestrigen Abendessen und der frischen Tankfüllung für Romeo beläuft sich mein Gesamtvermögen jetzt auf knappe sechs englische Pfund.

Ehrfurchtsvoll überqueren wir die gewaltige Brücke und erreichen das andere Ufer. In einiger Entfernung ragt ein riesiges Backsteingebäude in den Himmel, das Kraftwerk der Tate Modern.

Im Eingangsbereich der Gallery stoßen wir auf eine Skulptur von Rodin. Wir bleiben stehen und verweilen. Wortlos betrachten Cyril und ich den weißen Marmor. Zwei Liebende, die sich küssen. Trotz Verbotsschild strecke ich meine Hand aus und berühre die Frau am Oberarm. Der weiße Stein ist zu meiner Überraschung kalt. Cyril lässt einen Akkord erklingen und verkündet voller Pathos: »L'amour est l'enfant de la liberté!«

In direkter Nachbarschaft zur Tate Modern liegt das Globe Theatre. Seinerzeit hatte unsere Schulklasse Karten für Shakespeares *Hamlet*. Stehplätze. Nach einer knappen Stunde waren die anderen wieder draußen, mit Kurs auf weniger schwer verdauliche Unterhaltungskost. Ich bin als Einziger geblieben, auch wenn ich selbst fast nichts verstanden habe. Aber das Theater hatte mich in seinen Bann geschlagen.

Zwischen Themse und Globe verläuft eine Fußgängerpromenade. Cyril und ich wollen hier unser Glück als Gitarrenduett versuchen. Während Cyril den Solopart übernimmt, versuche ich mich im Hintergrund mit von ihm angeleiteten Rhythmusakkorden. Kaum haben wir den ersten »Song« vollendet, taucht ein smart gekleideter, gut aussehender junger Mann vor uns auf. Neugierig betrachtet er die Unterschriften auf Romeo. Dann wirft er uns ein Pfund in den Helm und überreicht uns zwei Flyer des Globe Theatre.

Er heißt Saif, kommt aus Dubai und ist, wie sich herausstellt, ein Touristenführer im Globe. Als er erfährt, dass ich Schauspielschüler aus Deutschland bin und mit einem Roller namens Romeo auf der Suche nach einer antiquarischen Originalausgabe von *Romeo und Julia* geldlos durch England fahre, um eine Frau zu beeindrucken, ist Saif begeistert. Wenngleich er die Liebe zu Frauen nicht mit mir teilt, so doch zumindest die Begeisterung für Shakespeare. Und das Globe kennt er wie keinen zweiten Ort auf der Welt.

Wie es der Zufall will, hat Saif gerade Mittagspause. Das Theater ist geschlossen. Verheißungsvoll blickt er mich mit seinen dunkelsanften Augen an: »It would be a pleasure for me to show you Shakespeare's world, off the beaten tourist track.«

Ehrfürchtig stehen wir vor einer kleinen Hintertür des Globe und Saif rasselt mit seinem Schlüsselbund: »Welcome to the other side!«

Saif studiert englische Literatur und verdient sich seinen Lebensunterhalt als Shakespeare-Guide. Voller Begeisterung führt er Cyril und mich durch das menschenleere Theater. Vorbei an historischen Kostümen, Fotoserien berühmter Inszenierungen und erlesenen, gut verschlossenen Relikten aus Shakespeares Zeit. Er ist ein leidenschaftlicher Führer und erzählt uns zu allem, was wir sehen, kleine Anekdoten und jede Menge Fakten.

Vor einer Glasvitrine bleiben wir stehen.

»This might just be what you are looking for.«

Eine antiquarische Ausgabe Shakespeares Gesammelter Werke aus dem 18. Jahrhundert. Saif lächelt mich an und flüstert komplizenhaft: »When shall we three meet again? In thunder, lightning, or in rain?«

Dann der Moment, auf den ich nicht zu hoffen gewagt hätte. Saif öffnet eine gewaltige Flügeltür: »Gentlemen, the stage!«

Und plötzlich stehen wir mitten auf der Bühne. Über uns der blaue Himmel mit einer strahlenden Sonne. Saif verneigt sich und sagt, dass er noch etwas erledigen müsse. Wir hätten zehn Minuten für uns allein.

»Enjoy yourself.« Geplättet lasse ich mich am Rand der Bühne nieder.

Da brichst du als mittelloser Taugenichts aus Bochum auf und vier Tage später sitzt du als tollkühner Welteroberer auf einer der berühmtesten Bühnen Londons. Noch immer mittellos, doch tief beglückt. Cyril und ich sprechen kein Wort. Auch er ist ergriffen von der Exklusivität dieses Moments. In der Ferne hören wir leise den Lärm der Großstadt.

Ich denke an Thomas Ulrich, meinen allerersten Theaterlehrer. Er entfachte meine Liebe zum Theater, nahm mich auf in seine Jugendgruppe und gab mir Einzelunterricht.

»30 Prozent Talent, 70 Prozent harte Arbeit«, pflegte er gelegentlich zu sagen. Und: »Du bist dein Maß. Nimm dir deine Zeit.«

Durch Thomas entdeckte ich die Lust am Scheitern und was es heißt, Teil eines echten Ensembles zu sein. Zwei Stücke haben wir zusammen gemacht, *Ein Sommernachtstraum* und *Hamlet*. Dann kam das Vorsprechen in Bochum, das dank seiner Unterstützung erfolgreich war. Thomas teilt dieselbe Verehrung wie Magdalena: »Es gibt immer etwas, das größer ist als wir alle zusammen. Und das ist Shakespeare.«

Intuitiv beginne ich mit ein paar Körperaufwärmübungen aus meinem noch jungen Schauspielschul-Katalog. Cyril schnappt sich seine Gitarre und spielt eines seiner französischen Lieder. Nach mehreren Versuchen gelingt mir ein Handstand. Ich stehe auf den Händen auf Shakespeare's stage!

Jetzt ist der eine Satz doch noch fällig. Seine wohl berühmtesten Worte. Ich wollte mir das Klischee eigentlich verkneifen. Aber jetzt muss es einfach sein. Ich gehe an die Rampe, blicke hoch konzentriert ins Publikum und schmettere es aus vollem Herzen heraus: »To be or not to be!«

Romeo ist verschwunden. Ich traue meinen Augen nicht. Hilflos blicke ich zu Cyril. Auch er ist ratlos. Der Bürgersteig ist leer. Keine Stunde sind wir weg gewesen und jetzt ist Romeo nicht mehr da. Und das trotz Wegfahrkette am Hinterrad. Geklaut!?

Das kann nicht wahr sein, denke ich. So endet diese

Reise nicht! Ich blicke mich um und bemerke eine goldene Reflexion am Ende der Straße. An einer Ampel steht ein Transporter mit langer Ladefläche und Kran. Obendrauf ein ziemlich zermatschter Pkw und ein angekettetes Zweirad, das golden in der Sonne funkelt.

»It's Romeo!«, brülle ich zu Cyril und renne los.

Dreihundert Meter weiter springt die Ampel auf Grün und der Transporter fährt los.

»No! Stop! Please! I'll call the police!«, donnert es aus mir heraus.

Meine Worte zeigen Wirkung. Der Transporter fährt links ran und der Fahrer steigt aus. Wie sich herausstellt, handelt es sich jedoch nicht um einen Autodieb, sondern um den offiziellen Abschleppdienst der Stadt London. Der uniformierte Fahrer heißt James und hört sich geduldig meine Erklärungen an: »I'm sorry. I didn't know. I'm from Germany.«

James ist überaus freundlich, aber unnachgiebig. Auch ich hätte mich an die »British parking restrictions« zu halten. In London sei das Parken von motorisierten Zweirädern in der Innenstadt nur in dafür vorgesehenen »parking areas« gestattet. Jetzt müsse ich die Konsequenzen tragen. Er drückt mir eine Visitenkarte mit der genauen Anschrift seines Unternehmens in die Hand. Dort müsste ich alles Weitere verhandeln.

»Have a nice day«, sagt er zum Abschied und steigt zurück in seinen Lkw. Wehmütig blicke ich meinem immer kleiner werdenden Roller hinterher.

Die Person, die mich durch das Sicherheitsglas mustert, ist quadratisch und eine Sie. Sie ist uniformiert, tatsächlich breit wie hoch und hat in ihrem Leben allem Anschein nach nicht ein Mal gelacht. Zu meinem Schrecken ist sie diejenige, mit der ich über das weitere Schicksal meines Rollers verhandeln muss. Und es sieht nicht gut aus.

Eine halbe Stunde mit der Londoner U-Bahn und eine zehnminütige Busfahrt mit dem roten Doppeldeckerbus haben mich in einen unschönen Vorort Londons verfrachtet. Hier riecht es nach verbranntem Plastik. Zwielichtige Gestalten lehnen an demolierten Garagen und starren ins Nichts. Ansonsten ist hier niemand auf der Straße.

Cyril wartet vor der Sicherheitsschleuse des Gebäudekomplexes und raucht eine Zigarette. Das ganze Areal gleicht einem Hochsicherheitsgefängnis für Fahrzeuge und trägt den Namen »Channing Town Car Pound«. Es ist von meterhohen Stahlzäunen umgeben und wird von einem Dutzend Kameras überwacht. Romeo steht im Innenhof mit etlichen weiteren aufgegriffenen Zweirädern. Zu seiner Rechten die Sicherheitsschleuse in die Freiheit, zu seiner Linken eine gigantische Schrottpresse.

Ich bringe alle schauspielerischen Register ins Rennen, die mir vergönnt sind. Von ganz und gar naiv über unmenschlichfreundlich bis hin zu erhabenschicksalsergeben. Der Versuch, meine Reisegeschichte auch nur im Ansatz zu erzählen, wird jäh abgeschmettert. Die Fakten sind in Stein gemeißelt. Ich habe ein Vergehen begangen, indem ich meinen Roller an einer dafür nicht vorgesehenen Stelle geparkt habe. Dafür werde ich jetzt bestraft. Wenn ich innerhalb der nächsten vierundzwanzig Stunden keine 200 Pfund auftreiben kann, wird Romeo in der hiesigen Schrottpresse klein gemacht.

»Have a nice day.«

»It's over!« Fassungslos stehe ich vor Cyril.

Das ist das Ende von allem. Da bin ich mir sicher. Meine Augen werden glasig. Cyril nimmt mich unbeholfen in den Arm und gibt mir eine Zigarette.

»First relax, then think about it«, sagt er. Wir hocken uns auf den Bordstein und rauchen.

Auf dem Weg zurück in unser kleines, bescheidenes Hotel rattert mein Kopf. Wie treibt man in so kurzer Zeit so viel Geld auf? Eine Bank überfallen. Oder zumindest einen Kiosk. Klingt wahnsinnig, aber tatsächlich denke ich jetzt darüber nach. Diesen Schicksalsschlag kann ich nicht einfach hinnehmen. Ich könnte meinen Körper kurzfristig irgendwo irgendjemandem anbieten. Für die entsprechende Summe, versteht sich. Mein Hirn rast. Wie kann ich Romeo den Arsch retten?

Was kann ich dafür tun? Und wer könnte mir dabei behilflich sein? Hm.

Sein Schöpfer.

Na klar! William Shakespeare. Wer auch sonst? Ich werfe einen Blick zum Himmel und schicke ein Gebet nach oben: »Rette Romeo!«

Dann bediene ich mich dankbar an Cyrils Prince-Zigaretten und rauche Kette.

Tag 5

»Hello! My name is Jonas. You don’t know me. But I know somebody you know.«

Ich telefoniere mit Victor. Victor ist Engländer mit maltesischen Wurzeln, dreiundsiebzig Jahre alt und lebt in Stratford-upon-Avon. Er ist der Vater von Dominic. Dom ist Musiker aus Bochum. Im Frühling haben wir uns auf einer Grillparty kennengelernt. Er hat mir erzählt, dass seine Eltern in Stratford, Shakespeares Geburtsort, leben und dass ich sie doch mal besuchen sollte. Dazu hatte er mir eine Telefonnummer in mein Adressbuch gekritzelt.

»Keep that number«, sagte er. »You never know.«

Jetzt stehe ich am Morgen des 9. August 2005 im Flur des Oxford House Hotel und opfere meine letzten Pennies einem Münztelefon. Der Herr am Ende der Leitung lauscht aufmerksam meinen Worten: »To get my scooter back from the police, I need 200 pound within the next twelve hours. Otherwise they’ll crush it.«

Es folgt eine kurze Stille, dann: »And what gives me the honour, Mr. Jonas, to be the person you call in such a remarkable situation?«

Was bleibt mir anderes übrig, als die Karten auf den Tisch zu legen.

»I know it might sound a bit strange to you, but would you borrow me the money?«

Die Stille dehnt sich.

»You will definitely get it back when I get back to Germany.«

Eine zweite Stimme schaltet sich ein. Sie ist weiblich und gehört offenbar der Mutter von Dominic.

»Who is it, sweetheart?«

»Oh, it's somebody who calls themselves Jonas from Germany. We don't know him. But obviously he knows our son Dominic. And he seems to be in some kind of trouble.«

»Is Dominic in trouble?«, fragt seine Mutter jetzt etwas besorgt.

»Honey. We both know that Dominic is always in trouble. And …«

Er wendet sich wieder an mich.

»Mr. Jonas. As a friend of our son, it is of no surprise to us that you are in trouble, too.«

»But why did this Jonas call us, sweetheart? What does he want?«, erklingt wieder die besorgte mütterliche Stimme.

»Well, he needs 200 pound within the next twelve hours to save his scooter from the police.«

»From the police?«, fragt jetzt die Mutter am anderen Ende der Leitung.

»What happened, Jonas?«, fragt sie neugierig in den Hörer.

»Well, I didn't know about the British parking restrictions.«

»Oh Lord!«, platzt es aus ihr heraus.

»We never understood those restrictions, did we, sweetheart?«, wendet sie sich wieder an ihren Gatten.

Die beiden diskutieren miteinander. Ich höre einen Seufzer und anschließend wieder die Stimme von Doms Vater Victor.

»Mr. Jonas. We haven't seen Dominic for quite a while now and we certainly don't know who you are. As you may know, Dominic's life has always been full of surprises. Things that parents try to accept but tragically don't always understand. Well …«

»Victor!«, erklingt jetzt die strenge Stimme seiner Frau. »Get to the point.«

Doms Vater räuspert sich. Ich schließe die Augen und halte den Atem an.

»Well …«, seine Stimme klingt ernst.

»We have decided to lend you the 200 pound. Go and save your scooter. But you will have to come to Stratford-upon-Avon tonight. We would really like to know more about you and your surprising story.«

Es ist ein Wunder. Der mir völlig unbekannte Vater eines Mannes, den ich kaum kenne, versichert mir am Telefon, Romeo das Leben zu retten. Voraussetzung: Ich überweise ihm das Lösegeld zurück, unmittelbar nach meiner Ankunft in Deutschland. Andernfalls werde er seinen Sohn Dominic zur Rechenschaft ziehen. Außerdem erwartet er einen Besuch zum Abendessen. Er und seine Frau Hilde halten es für angebracht, den von ihnen für rettungswürdig erklärten Romeo und seinen Begleiter persönlich kennenzulernen. Auch William Shakespeare, versichert Victor, würde dies sicherlich begrüßen.

Ich akzeptiere den Deal. Freudestrahlend bekunde ich meine Dankbarkeit und meine Entschlossenheit, in Deutschland zuallererst zur Bank zu gehen. Es ist jetzt 10:26 Uhr. Victor und ich vereinbaren ein weiteres Telefonat in exakt zwei Stunden. Dann soll ich ihn mit der Abschleppbehörde verbinden. Er werde alles Weitere per Kreditkarte erledigen.

Uff. Was für ne Achterbahnfahrt. Cyril steht neben dem Münztelefon und lächelt sein Philosophenlächeln.

»The only certainty is change«, sagt er mit seinem starken französischen Akzent und reicht mir seine vorletzte Prince-of-Denmark-Zigarette. Ich denke an Hamlet und seinen Freund Horatio.

»There are more things in heaven and earth, Cyril, than are dreamt of in your philosophy.«

»You might be right, Jonas«, antwortet Cyril und wir gehen vor die Tür. Dort rauchen wir unsere letzte gemeinsame Kippe.

»It's time to leave this place. Merci beaucoup, Cyril, for the time we had.«

»Relax. First you save Romeo, then we will have a last concert together«, antwortet Cyril.

Er drückt mir fünf Pfund in die Hand.

»Hurry up. Otherwise Romeo must die.«

Mit Cyrils finanzieller Unterstützung leiste ich mir eine weitere dreißigminütige Undergroundfahrt und eine anschließende zehnminütige rote Doppeldeckerbusfahrt in jenen zwielichtigen Londoner Vorort Channing Town.

Die quadratische Dame am Empfang der Zweiradentsorgungsbehörde ist ebenso trocken und humorlos wie am Tag zuvor.

»What do you want?«, fragt sie.

»What do you think!?«, antworte ich wütend. »I wanna save Romeo's life!«

Immerhin. Ihr Gesicht lässt erstmals eine Regung zu.

»Romeo? Who is Romeo?«

»My scooter. The scooter you wanna kill!«

Ihr Gesichtsausdruck neutralisiert sich wieder.

»Well, have you got the money?«

Ich atme tief aus und reiche ihr mein Adressbuch mit Victors Telefonnummer.

»Yes. This man will help me. He will pay you the 200 pound.«

Es ist 12:40 Uhr am 9. August 2005. Victor hat Wort gehalten. Per Kreditkarte hat er Romeo die Freiheit geschenkt. Mein Herz schlägt bis zum Hals, als sich die erste Sicherheitsschleuse öffnet. Ich gehe voran. Die quadratische Dame folgt mir. Wie im Knast, denke ich. Beim Öffnen der zweiten Schleuse zeigt sie auf die Schrottpresse, aus der gerade ein quadratischer Metallwürfel gekrant wird.

»You see, that's what we do«, sagt sie nüchtern.

Dann das Wiedersehen. Wäre Romeo ein Pferd, würde ich ihm um den Hals fallen. Wäre er meine Freundin, würde ich ihn küssen. Aber er ist lediglich ein motorisiertes Zweirad. Was bleibt mir also, um meiner Wiedersehensfreude Ausdruck zu verleihen? Ich rufe ein erleichtertes »Yes!!!« in den Schrottpresse-ächzenden-Himmel, drehe den Schlüssel im Zündschloss und hupe kräftig los.

Madame Quadrat steht neben uns und begutachtet die goldenen Schriftzüge auf Romeo. Beglückt halte ich ihr meinen Edding hin und bitte sie, mir auch ihre Botschaft mit auf den Weg zu geben. Und dann lächelt sie. Tatsächlich. Fast unmerklich, aber ich bin mir sicher: Sie tut es.

Bei Sonne und frischem Fahrtwind heize ich zurück ins Zentrum von London. Auf meinem Armaturenbrett prangt ein golden-akkurates *»Obey the British parking restrictions. Always«*.

Jetzt kann mich nichts mehr aufhalten. Ich neige mich singend und jauchzend in die Kurven. Was für eine Reise! Was für Zufälle! Was für eine Frau, die mich dazu inspiriert hat!

An einer Ampel komme ich kurz zum Stehen. Zwei Polizisten auf Pferden reiten an mir vorbei. Ich winke und rufe: »Have a nice day!«

Einer der Cops schaut rüber, mustert mich, wird auf einmal ernst und brüllt: »Close it!«

Ich erschrecke, weiß nicht, was er meint, und rufe: »What?«

»Close it!!!«, brüllt der Cop zurück.

Ich bin verunsichert, weiß nicht was los ist, mache den Motor aus und nehme die Hände hoch. Irgendwie daneben, aber was Besseres fällt mir nicht ein. Da fangen die zwei Polizisten an zu lachen, gestikulieren mit ihren Händen wild am Hals rum und rufen: »Helmet! Your helmet!« Jetzt check ich's. Mein Helm ist offen. Ich soll bloß das Bändel festziehen. Hinter mir wird gehupt. Die Ampel ist grün. Ich ziehe das Bändel, so fest ich kann, und gebe Gas. Zurück zum Oxford House Hotel.

Diesmal parke ich Romeo in einer offiziellen »parking area« für Zweiräder. Dann ziehe ich sein Kettenschloss durchs Hinterrad und laufe beschwingt zum Eingang, renne die Treppe hoch und klopfe an unsere Zimmertür.

Cyril öffnet. Seine Sachen sind bereits gepackt. Ich strahle ihn an: »He's back! Shakespeare saved his ass!«

»That's good«, antwortet Cyril. »Then let's have a last ride together.«

Schnell sind meine Siebensachen zusammengesucht, der Rucksack gepackt, die Gitarre geschultert. Wir gehen die Treppe runter und treffen in der Lobby auf Azad, den Onkel von Fatima.

»Where are you going?«, fragt er uns.

»We check out«, erwidere ich freundlich. »We're looking for Fatima. We would like to say goodbye to her.«

Azad starrt uns finster an.

»She is not here today. But you can give the money to me.«

Money? Ich werfe einen unsicheren Blick zu Cyril. Der zieht die Schultern hoch.

»Well …«, sage ich. »Fatima told us …«

Azads Augen funkeln.

»She told us that we can pay what we are able to pay.«

Azad beginnt zu lachen.

»Oh really? She told you that? So how much are you able to pay for two persons with two nights bed and breakfast?«

Ich fühle mich schlecht. Wie ein Schmarotzer. Wenn doch bloß Fatima mit ihren sanften braunen Augen hier wäre.

»Actually, my friend and me, we wanted to make some music to earn some money, but then I had problems with the police, because …«

»With the police?«, unterbricht mich Azad.

Er wirkt nicht sonderlich erfreut über diese Information.

»Not really the police.«

Ich versuche zu beschwichtigen.

»I just parked my scooter in the wrong place and had to pay 200 pound to get it back.«

Stille.

Azad runzelt die Stirn und ich begreife, dass gerade etwas schiefläuft.

»200 pound«, wiederholt er. »Oh! You're trying to make fun of me. Listen! This is not a place for scroungers! You owe me 80 pound for your stay.«

Azad wird sauer. Ihn interessiert weder, warum ich mich ohne Geld in London rumtreibe, noch, was ich mit seiner Nichte glaube besprochen zu haben. Er hält Cyril und mich für zwei undankbare Scharlatane. Und ich kann es ihm nicht verübeln. Fatima hat ihn offenbar nicht eingeweiht. Jetzt ist sie nicht da und wir erscheinen alles andere als glaubwürdig. Ich biete Azad schließlich an, die Schuld als Tellerwäscher abzuarbeiten. Das meine ich völlig ernst. Azad hingegen empfindet das als pure Provokation.

»Our hotel is closed. There is nothing here to clean!«, faucht er mich an.

»Monsieur!«

Cyril meldet sich plötzlich zu Wort.

»We are very sorry for the misunderstanding. Please believe us. We are no rich people. All we have is this.«

Er holt vier Zehnpfundscheine aus seinem Geldbeutel und reicht sie Azad.

»Can you accept this compromise?«

Azad gibt keine Antwort. Er schweigt und mustert uns. Dann nimmt er das Geld, steckt es ein und brummt etwas auf Persisch. Ich fühle mich elend. Jetzt bezahlt Cyril meine Miete. Von seinem Notgroschen. Irgendwie unwürdig, das Ganze.

Ich löse meine silberne Halskette vom Hals, eine kleine Jakobsmuschel aus Santiago de Compostela. Auf die Rückseite eines Hotelflyers schreibe ich schnell ein paar Abschiedsworte und unseren Dank an Fatima. Den zusammengefalteten Zettel samt Kette überreiche ich Azad zum Abschied.

»It's for Fatima.«

Er sieht mich an und sein Zorn scheint sich etwas zu legen.

Dann sitzen Cyril und ich zum letzten Mal gemeinsam auf Romeo und cruisen durch die City von London. An einem großen Platz voller Tauben und Touristen ragt eine gigantische Säule in den Himmel. Obendrauf die Silhouette eines einsamen Kriegsherren. Es ist Lord Nelson am Trafalgar Square. Wir parken Romeo erneut in einer »parking area« und laufen zu den riesigen Löwen am Fuße des Denkmals. Cyril berührt eine der goldglänzenden Tatzen und sagt: »Touch it. It's for the luck.«

Dann setzen wir uns und packen die Gitarren aus. Im Rücken die weißen Säulen der National Gallery. Vor uns Lord Nelson, der trotz unzähliger kackender Tauben erhaben in die Ferne blickt. Wir spielen. Cyril die Sologitarre, ich die Rhythmusakkorde im Hintergrund.

Gelegentlich vergreife ich mich, aber Cyrils gekonnte Improvisation lässt mich immer wieder gut aussehen. Er macht aus meinen Fehlern eine Tugend. Und er singt, auf Französisch. Ich bekomme Hunger.

Ein erstes Pfundstück glitzert durch die Luft und landet in meinem Motorradhelm. Es stammt von einem jungen Pärchen, das stehen geblieben ist und uns zuhört. Der Typ trägt einen schwarzen Kapuzenpulli und hat Segelohren. Er betrachtet meinen Helm und spricht mich an: »Dublin? Do you come from Dublin or are you going to Dublin?«

Sein Name ist John. Und wie es der Zufall will, kommt er aus Dublin. Seine Freundin heißt Linda. Sie hat blondierte Haare und müde Augen. Die beiden sind »on the road«, leben quasi auf der Straße und suchen nach einer neuen Stadt zum Leben. John kennt Dublin wie seine Westentasche. Er rät mir, zum Olympia Theatre in der Dame Street zu gehen. Dort würde ich Arbeit finden.

»Ask for Rose. Tell her, John said hello«, sagt er komplizenhaft zum Abschied.

Es ist 19 Uhr. Der Tag neigt sich dem Ende. Die Sonne verschwindet hinter einer Wolke. Ansonsten ist der Himmel makellos blau. Die Touristenströme am Trafalgar Square und das Gurren der Tauben ebben allmählich ab. Ich denke an meinen Bruder Paul. Er hat heute Geburtstag und wird zweiundzwanzig. Ich vermisse ihn und wünschte, er wäre jetzt da.

Cyril und ich machen Kassensturz. Drei Pfund und 60 Pence. Die Einnahmen unseres letzten »Konzerts« gehen selbstredend komplett an Cyril. Er versichert mir zwar, dass ich nicht in seiner Schuld stehen würde, aber ich fühle mich noch immer unbehaglich wegen der Sache mit Azad. Also überreiche ich ihm zum Abschied meine versilberte Taschenuhr. Die hat mir meine Mutter geschenkt. Ich kann mich nur schwer davon trennen, aber es geht schließlich um die Ehre.

Wenns richtig eng wird, soll Cyril sie beim Pfandleiher versetzen. Wenns dann wieder gut läuft, kann er sie auslösen und sie mir bei unserem Wiedersehen zurückgeben.

Cyril bedankt sich und lächelt: »We will see.«

Mein Magen knurrt. Wir haben den ganzen Tag nichts gegessen.

»It would be fantastic to have a last dinner with you, Cyril.«

»Next time, Jonas.«

Wir umarmen uns. Der große Franzose und der kleine Deutsche.

In diesem Augenblick fängt hinter uns jemand an zu singen: »Hare Krishna, Hare Krishna, Krishna, Krishna, Hare, Hare …«

Ein Mönch in leuchtend orangfarbenen Kleidern steht im länger werdenden Schatten der Lord-Nelson-Säule und wiederholt mantraartig seine Strophen. Er zieht einen violetten Bollerwagen hinter sich her. Ein kleiner Gettoblaster trägt indisch anmutende Klänge in die Welt. Zwei große Schüsseln dampfen duftend in der Abendsonne. Einer Ahnung folgend treten wir näher. Der Mönch unterbricht seinen Gesang und sieht uns an. Er verneigt sich. Auch wir verneigen uns.

»Are you hungry, my brothers?«, fragt er uns.

Cyril und ich wechseln einen vielsagenden Blick und antworten einstimmig: »Yes!«

»His divinity Hare Krishna welcomes you with open arms. Enjoy the food, my brothers.«

Er öffnet die beiden dampfenden Schüsseln und bereitet uns zwei Teller zu. Es gibt Reis mit einer Gemüsesoße aus Auberginen und Zucchini. Zu meinem Erstaunen bestehen die Teller nicht aus Porzellan oder Plastik, sondern aus geflochtenen Blättern. Die erste Mahlzeit des Tages! Sie ist offenbar nicht gesalzen, schmeckt aber umwerfend. Wir sitzen auf den noch warmen Steinplatten des Trafalgar Square und stillen unseren Hunger.

Der Mönch nickt uns zu und setzt wieder in seinen Gesang ein: »Hare Krishna, Hare Krishna …«

Nachdem wir auch das letze Reiskorn vom Blätterteller geleckt haben, reicht er uns zum Nachtisch noch zwei Stücke veganen Nusskuchen, ganz ohne Zucker.

Cyril und ich sind selig. Wir verneigen uns einige Male und wünschen dem Mönch alles erdenklich Gute für die Zukunft. Zur Erinnerung an diese göttliche Begegnung packe ich die beiden Bioteller in eine Plastiktüte und stecke sie in meinen Rucksack.

Jetzt aber. Es wird Zeit, meinem lieb gewonnenen französischen Freund Lebewohl zu sagen. Mit vollem Magen und wieder einmal leeren Taschen stelle ich mich auf die Zehenspitzen, um Cyril ein letztes Mal in den Arm zu nehmen. Wir haben in nur zwei Tagen so viel zusammen erlebt, dass einem schwindlig werden könnte.

»Bon voyage«, sagt Cyril und ist im Begriff zu gehen.

Ich werde traurig. Jetzt bloß nicht heulen.

»Wait«, sage ich.

Dann hole ich Huck aus der Tasche. Mein Schlumpf lächelt. Wie immer. Cyril nimmt Huck in seine große Hand und sagt: »A bientôt, mon petit ami.«

Die Sonne geht langsam unter und wir fahren Richtung Nordwesten. Romeo und ich. Victor hat mir erklärt, wie man London am besten verlässt, um nach Stratford-upon-Avon zu kommen. Es sind knappe 160 Kilometer bis zu Shakespeares Geburtsstätte. Romeos Tank ist noch zu drei Vierteln voll. Wenn ich mich nicht verfahre, sollte mich das Benzin bis zu dem Mann geleiten, der meiner Reise eine Zukunft geschenkt hat.

Im rotgoldenen Abendlicht ziehen die letzten Häuser der Londoner Vorstädte an mir vorbei. Wieder bin ich mittellos. Wieder wartet ein unbekanntes Ziel auf mich. Wieder bin ich auf die Gunst von Menschen angewiesen, die mich nicht kennen. Die Sache mit Romeo war heftig. Hätte ohne Weiteres ins Auge gehen können und meine Reise hätte ein jähes Ende gefunden. Und dann doch wieder dieser Glaube daran, dass das nicht das Ende sein kann. Der Glaube daran, dass es weitergeht, dass es immer eine Lösung gibt, auch wenn es im ersten Moment überhaupt nicht danach aussieht. Seltsam. Da löst eine im Grunde fremde Frau bei dir ein Gefühl aus, das dich täglich aufs Neue dazu bringt, deinen eigenen Mut herauszufordern.

Nach 120 Kilometern auf der Autobahn und einer letzten lang gezogenen Steigung öffnet sich vor mir ein gewaltiges Panorama: die golddurchflutete Tiefebene vor Stratford-upon-Avon. Die untergehende Sonne berührt den Horizont und taucht die Landschaft in ein geradezu episches Licht. Vereinzelte Bäume werfen gespenstische Schatten. Auf einem steinigen Hügel steht eine knorrige Eiche ohne Blätter. Da! Ich traue meinen Augen kaum. Eine bucklige Alte rührt in einem Kochtopf. Irre! Sie schaut kurz auf. Dann ist sie verschwunden. Das Licht ist weg und die weite Ebene versinkt im Schatten. Willkommen in der Welt von Shakespeare!

Es wird Nacht und ich erreiche das Ortsschild von Stratford. Trotz der Straßenlaternen sehe ich über mir die Sterne funkeln. Dank Victors präziser Wegbeschreibung erreiche ich gegen 22:30 Uhr die Hausnummer 152. In einer Hofeinfahrt aus weißen Kieselsteinen kommt Romeo zum Stehen. Ich steige ab. Ein Bewegungsmelder macht Licht. Im Nachbarhaus bellt ein Hund. Die Eingangstür des Einfamilienhauses öffnet sich und eine ältere Dame tritt heraus.

»Sweetheart!«, ruft sie entzückt ins Innere des Hauses. »We can have dinner now.«

Ich fühle mich geehrt. Victor und seine Frau Hilde haben mit dem Abendessen auf mich gewartet. Es gibt Kartoffeln mit Rosenkohl in einer Schinkensahnesoße, dazu ein Glas Weißwein. Victor begrüßt mich mit einem kräftigen Händedruck und einem anerkennenden »Well done, my boy!«. Er hat zwischenzeitlich mit Dom telefoniert und sich der Glaubwürdigkeit meiner Person versichert. Victor hat schneeweißes Haar und wache Augen. Hilde trägt eine Brille und lächelt vergnügt.

Wir sitzen zu dritt im Wohnzimmer und essen. Die beiden haben sich sichtlich Mühe gegeben: weiße Tischdecke, blau schimmerndes Porzellan und zwei silberne Kerzenständer mit frischen Kerzen. Ich fühle mich ein bisschen wie der verlorene Sohn, der nach Jahren zurückgekehrt ist.

»Schmeckt's dir?«, fragt mich Doms Mutter auf Deutsch.

Ich bin überrascht, so unverhofft meine Muttersprache wiederzuhören.

»Oh ja, sehr lecker!«

Meine ersten deutschen Worte seit fünf Tagen. Hilde ist gebürtige Deutsche. Neugierig befragt sie mich zu meinem bisherigen Reiseverlauf. Nach vier Gläsern Wein und zweieinhalb Tellern Rosenkohl-Kartoffeln ist die Geschichte erzählt. Ich möchte meine Dankbarkeit noch einmal zum Ausdruck bringen und sage: »Youu saved Romeooo's life! Thank youuu!«

Ich lalle. Wie peinlich. Die beiden schmunzeln und Hilde beginnt den Tisch abzuräumen. Anschließend zeigt sie mir mein Zimmer für die Nacht. Eine kleine Dachkammer voll mit Büchern und einer gemütlichen Schlafcouch. Aus dem Fenster sehe ich Romeo in der Einfahrt stehen. Hilde wünscht mir eine gute Nacht und ich falle ins Bett. Bevor ich das Licht ausmachen kann, klopft es an der Tür. Es ist Victor. Er hält ein Buch in den Händen und lächelt bedeutungsvoll. Dann sagt er: »Good night, sweet prince. And flights of angels sing thee to thy rest.«

Tag 6

Ich träume. Von Magdalena. Von meiner Rückkehr nach Bochum. Ich stehe mit Romeo vor ihrem Haus. Hausnummer 7. Sie öffnet die Tür. Ich steige ab, gehe auf sie zu und überreiche ihr die antiquarische Originalausgabe von *Romeo und Julia*. Sie nimmt das Buch in die Hände und betrachtet es. Dann sieht sie mich an. Sie lächelt.

Ich erwache. Schicksal, denke ich. Alles Schicksal.

Schnell hüpfe ich unter die Dusche. Weg mit dem Schweiß vergangener Taten. Heute gilt es, Großartiges zu vollbringen! Wenn es einen Ort gibt, an dem das Buch der Bücher zu finden ist, dann ja wohl hier!

Beim Frühstück stelle ich voller Stolz mein Glas selbst gemachte Marmelade auf den Tisch. Mein alter Freund Berthold hat sie aus wilden Pflaumen zubereitet. Sie scheint mir ein würdiger Frühstücksbeitrag an diesem erhabenen Morgen zu sein.

Bei frischen Croissants und schwarzem Kaffee eröffne ich Hilde und Victor meine antiquarischen Ambitionen. Victor nickt. Er weiß, wo wir hinmüssen. Während Hilde den Tag in ihrem Garten hinter dem Haus verbringen möchte, lädt mich Victor auf einen Stadtspaziergang ein. Ich packe meine kleine Gitarre auf den

Rücken und stecke Huck in meine Hosentasche. Hilde gibt Victor einen Kuss. Wir machen uns auf den Weg.

Stratford ist keine Stadt, eher ein Provinznest. Kleine Straßen, Souvenirläden und viele Touristen. Nach einer halben Stunde Fußmarsch stehen Victor und ich vor einem alten Fachwerkhaus.

»Here we are«, sagt er feierlich und sieht mich erwartungsvoll an.

Ich bin verwundert. Das ist kein Antiquariat. Das ist ein Bauernhaus, noch dazu ohne Eingang. Ich weiß nicht, was er meint.

In diesem Moment taucht eine Gruppe Asiaten auf. Kaum erblicken sie das Bauernhaus, kommt es zu einem blendenden Blitzlichtgewitter. Sie fotografieren, was das Zeug hält. Ich denke nach und betrachte das Haus genauer. Victor zeigt zu einem der Fenster und sagt: »That's where Mr. William Shakespeare had a view of the stars.«

Wow! Das Geburtshaus von Shakespeare. Jetzt seh ich's auch. Klar! Irgendwie konnte man das spüren. Irgendwas liegt hier in der Luft. Ehrfurchtsvoll berühre ich den eisernen Gartenzaun. Hier hat er gespielt. Hier hat er gedacht. Gelacht. Geweint. Geschrieben. Ich bin ergriffen. Ohne recht zu wissen, wie mir geschieht, greifen meine Hände zu meiner kleinen Gitarre. Schmachtend stehe ich unter besagtem Fenster und blicke empor.

Ein Mollakkord erklingt.

»What light through yonder window breaks?«, entfährt es mir. »It is the east, and Juliet is the sun!«

Die Asiaten kichern. Dann schießen ihre Kameras in meine Richtung. Meine Darbietung scheint zu gefallen. Geschmeichelt lasse ich ein weiteres Mal den Mollakkord erklingen. Dann fällt mir nichts mehr ein. Ich gehe zurück zu Victor, der die Szene ebenfalls fotografiert hat.

»Master Romeo!«, sagt er lachend und legt seine Hand auf meine Schulter. »You could earn money with that, couldn't you?«

Wir gehen weiter und Victor organisiert mir einen Stadtplan von Stratford. Darin markiert er alle Dinge, die mich interessieren könnten: das Royal Shakespeare Theatre der Royal Shakespeare Company, das William Shakespeare Memorial, das Grave of William Shakespeare und den William Shakespeare Souvenir Gift Shop. Ich bin begeistert.

Dann lädt er mich auf eine Tasse Tee und ein Stück Schokoladenkuchen ein, in seinem Lieblingscafé etwas abseits der Touristenpfade. An den Wänden hängen alte Musikinstrumente und Schwarz-Weiß-Fotos. Victor erzählt mir von seiner Jugend in England. Seiner Zeit als Steuerbeamter. Seiner Liebe zum Schreinern. Im Gegenzug berichte ich ihm von meiner letzten Theaterproduktion im Bochumer Schlosspark, *Der Widerspenstigen Zähmung* von Shakespeare. Das war im Juli unter freiem Himmel vor einer alten Burgmauer. Vier Scheinwerfer und ein paar Kostüme. Mehr nicht. Zum Finale bin ich dann mit Romeo auf die Bühne gefahren. An seinem Lenker zappelte ein Herzballon. Die Leute waren begeistert und unsere Hüte voller Geld.

Bevor wir das Café verlassen, schreibt mir Victor auf

eine Serviette: *»Finis Coronat Opus«,* und erklärt: »The end crowns the work. You will only understand the true value of your trip when you finish it.«

Anschließend führt er mich zu einem kleinen Schaufenster. Ich sehe Bücher. Wunderschöne alte Bücher. Victor entschuldigt sich, er möchte seiner Frau im Garten helfen.

»If you get hungry, just come home«, sagt er und umarmt mich.

Ich fühle mich wirklich wie zu Hause. Ein Gefühl von Sicherheit, von Geborgenheit. Sehnsuchtsvoll denke ich an meine Wohnung in Bochum. An das Klo auf dem Gang. An mein Bett. Im Grunde genommen müsste ich doch nur die antiquarische Originalausgabe von *Romeo und Julia* auftreiben, oder? Könnte ich dann nicht die Heimreise antreten?

Shakespeares Geburtsort als Reiseziel ist doch mindestens so spektakulär wie die Hauptstadt der Grünen Insel. Außerdem beginnt morgen der siebte Tag meiner Reise. Dann bleiben nur noch zehn Tage, um nach Dublin und wieder zurück nach Bochum zu kommen. Und wer weiß, vielleicht ist Magdalena längst wieder zurück aus Rom … Zielstrebig betrete ich das Antiquariat.

»I'm looking for *Romeo and Juliet*«, verkünde ich dem hageren Mann hinter dem Tresen.

Der steht auf und führt mich zu einem Tisch in der Mitte des Ladens.

»How many do you want?«, fragt er routiniert. »Take three and I'll give you a discount.«

Mein Blick schweift über einen Tisch, der ausschließlich mit *Romeo und Julia*-Ausgaben bestückt ist. Neu, in Farbe und mit Foto auf dem Cover: Claire Danes und Leonardo DiCaprio beim Filmkuss.

Darüber: *»Romeo and Juliet – The original William Shakespeare edition from Stratford-upon-Avon«*, Preis: sieben Pfund und 99 Pence. Das ist nicht das, was ich suche, erkläre ich ihm. Ich suche nach etwas Besonderem. Etwas Originalem. Möglichst alt. Möglichst einzigartig. Und: »In the name of love!«

Der Mann grinst und sagt: »Even love has its price. If you have 800 pound, then we might be in business.«

Das sprengt mein nicht vorhandenes Budget bei Weitem. Wer hätte gedacht, dass alte Bücher so viel kosten. Ich bedanke mich für das Angebot und verlasse den Laden. Tja. Kein Buch, keine Heimreise. Mein Schicksal fordert mich erneut heraus und verlangt die Weiterreise.

Schicksal!? Was rede ich da eigentlich? Irgendetwas in dieser Stadt entfesselt meinen Hang zum Pathos und lässt mich vor lauter Gefühl mein Ziel aus den Augen verlieren. Schluss damit. Zurück zum Pragmatischen: Mein Tank ist leer. Ich brauche einen neuen Job.

»Excuse me, Madam! Can I clean your toilets?«

Ich stehe im Royal Shakespeare Theatre. Dem Theater der Royal Shakespeare Company. Einer gigantischen Festung aus rotbraunen Backsteinen.

Die Dame hinter der Theatertheke schüttelt den Kopf.

»Our toilets are clean«, sagt sie und mustert mich dabei von Kopf bis Fuß.

Man scheint mich nicht zu brauchen. Auch im Künstlerischen Betriebsbüro wird mein euphorisches Arbeitsgesuch nüchtern abgewiesen. Bevor ich gehe, geh ich zur Toilette. Wenn schon nicht putzen, dann wenigstens benutzen.

Als ich den Haupteingang verlasse, öffnet sich ein Fenster. Über mir im zweiten Stock erscheint ein Mann. Er hält einen Spiegel in der Hand und pudert sich. Ich hebe den Arm und winke. Unsere Blicke treffen sich. Er lächelt und winkt zurück. Wow! Der Meister grüßt den Schüler. Ich fühle mich geadelt. Die Hochburg shakespearescher Schauspielkunst heißt mich willkommen! Beseelt ziehe ich meiner Wege. Irgendetwas wird passieren. Irgendetwas werde ich schon finden.

Vor mir liegt ein grüner Rasen. Ich schaue ins Gras. Da liegt ein pinker Ball direkt vor meinen Augen. Ein kleiner pinker Jonglierball.

»You wanna try?«, fragt eine helle Stimme.

Ein Junge auf einem Einrad rollt auf mich zu. Er hält vier weitere pinke Bälle in den Händen. Hinter ihm stehen noch zwei Jungs. Einer jongliert mit blauen Keulen. Der andere bringt ein Diabolo zum Hüpfen.

Die drei Freunde Martyn, Arno und Tim trainieren zusammen für ein Zirkuscamp im nächsten Monat. Martyn hat blonde Locken und trägt rote Chucks. Er gilt als das Nachwuchstalent von Stratford und hat in einer halben Stunde ein Interview mit einem lokalen Fernsehsender. Er jongliert fünf Bälle, fährt gleichzeitig Einrad und betreibt währenddessen Konversation.

»You wanna try?«, wiederholt er lächelnd und hüpft dabei mit dem Einrad auf und ab.

Ich bin verunsichert. In Anbetracht seines meisterhaften Könnens kann ich nur scheitern.

»Don't worry. Feel free to fail.«

Er lässt zwei Bälle fallen und zwinkert mir zu.

Zehn Minuten später jonglieren Martyn, Arno, Tim und ich, was das Zeug hält. Bälle, Keulen und sogar das Einrad. Ich probiere alles aus. Martyn zeigt mir neue Tricks und Tim und Arno feiern die Erfolge. Die drei verhalten sich wie vorbildliche Zirkustrainer. Dabei sind sie nicht mal achtzehn. Als das Filmteam schließlich eintrifft, drückt Martyn mir seine pinken Bälle in die Hand und sagt: »I like your juggling skills. Go for it, give it a try!«

Es ist 17 Uhr. Ich stehe im Schatten einer Kastanie auf dem Marktplatz von Stratford und werfe Bälle in die Luft. Seit einer halben Stunde. Und es funktioniert. Die Bälle fliegen. Nur wenn ich einen von Martyns neuen Tricks versuche, fallen sie gelegentlich zu Boden.

Vor mir liegt die aufgeklappte Hülle meiner Gitarre. Die vorbeischlendernden Touristen lächeln mir aufmunternd zu. Manche bleiben kurz stehen. Aber niemand greift zur Geldbörse. Das ist bedauerlich, aber nachvollziehbar: ein Typ in schwarzen Lederhosen, der angestrengt drei Bälle wirft. Das ist nett, aber nicht spektakulär genug. Um die Sache aufzupeppen, greife ich in meine Hosentasche und hole Huck ans Tageslicht.

Zwei Bälle und ein Schlumpf, das ist mein neues Wurfgespann. Ich schleudere Huck mittig nach oben.

Dann werfe ich die pinken Bälle von außen nach innen. Sie kreuzen sich und Huck fliegt erneut gen Himmel. Wie die Fontäne eines Springbrunnens.

Der Schlumpf ist jedoch nicht besonders fluggeeignet. Immer wieder verlässt er seine angestrebte Bahn und stürzt zu Boden. Schließlich verliere ich die Geduld und schleudere Huck mit voller Wucht nach oben. Er rauscht durchs grüne Blattwerk der Kastanie. Dann rammt er einen dicken Ast, prallt ab und landet etwas abseits in einem Blumenbeet, unter einem Busch Hortensien. Ich lasse die pinken Bälle fallen und eile ihm zu Hilfe.

Da erscheint ein schwarz maskierter Mann, mit Federhut und Umhang. Er greift in den Hortensienbusch und nimmt Huck in seine Hand. Dann geht er auf mich zu, überreicht mir meinen Schlumpf und ruft: »›Shakespearience‹! The William Shakespeare experience in 3-D! ›Shakespearience‹! Open now!«

Dazu drückt er mir einen Flyer in die Hand und nimmt den roten Federhut vom Kopf. Er schwitzt und atmet schwer. Dann fügt er hinzu: »Fantastic effects! Not to be missed!«

Sein Name ist Peter. Er ist zweiundzwanzig und kommt aus Pakistan. Gerade endet seine Schicht als Flyerbote für ein neues 3-D-Kino in Stratford, das »Shakespearience«.

Er nimmt die Maske ab und sagt: »You look like an idiot, but they pay alright.«

Fünfundzwanzig Minuten später stehe ich in der Herrentoilette des besagten Kinos und betrachte mein schwarz maskiertes Gesicht im Spiegel. Peters Maske sitzt wie angegossen. Auch der buschige Hut mit der roten Feder macht sich gut. Ganz zu schweigen vom purpurnen Umhang. Ich sehe aus wie ein Liebesritter. Etwas klischeehaft, aber verführerisch, mein Spiegelbild. Ich gefalle mir.

Mit Verweis auf meine außerordentliche Schauspielausbildung in Deutschland und meine besondere Affinität zu *Romeo und Julia* konnte ich die Geschäftsleitung davon überzeugen, mich für eine Stunde als Flyerbote zu engagieren.

Ich versichere, mein Bestes zu geben und dafür Sorge zu tragen, dass die Abendvorstellung voll wird. Dafür ist man bereit, mir ganze zwölf englische Pfund zu bezahlen. Ein Vermögen!

Bewaffnet mit zweihundertfünfzig leuchtenden Kinoflyern verlasse ich das »Shakespearience«. Zurück zum Marktplatz. Hier sitzen, stehen, schlendern die Touristen. Die Sonne scheint. Rosenduft liegt in der Luft. Familien essen Eis. Kinder quietschen. Liebespaare knutschen.

Ich fange an. Die ersten Flyer wechseln wortlos den Besitzer. Aber nach und nach verleiht mir das Kostüm mehr Mut. Ich fange an zu spielen. Ziehe meinen Hut, werfe meinen Umhang und flirte, was das Zeug hält. Mit Frauen, Kindern, Hunden, einem Rentnerpaar. Der Marktplatz wird zu meiner Bühne. Weckt meine Fantasie. Ich erfinde Sprüche, kleine Szenen. Die Leute lachen, manche schenken mir Applaus.

Nach einer Stunde sind die Flyer weg und ich bin

nass geschwitzt bis auf die Unterhose. Mein erstes Engagement im Ausland. Wer hätte das gedacht! Ich war gut, da bin ich sicher. Zufrieden kehre ich zurück zum Kino. Es ist 19 Uhr. In einer halben Stunde beginnt die Abendvorstellung. Gespannt stehe ich am Eingang und erwarte Menschenmassen. Aber niemand kommt. Fast niemand. Zumindest niemand, den ich eingeladen habe.

Kurz vor Beginn der Show tauchen zwei Rentnerinnen auf. Sie erkennen mich wieder: »Oh Romeo! It's good to see you again!«

Die beiden kichern vergnügt und lösen zwei Tickets für die Abendvorstellung. Immerhin.

Jetzt sitze ich im Kinosaal und die Lichter gehen aus. Noch immer in meinem etwas feuchten Kostüm. Der Chef des Kinos hat mir erlaubt, die Vorstellung zu sehen, trotz der nicht ganz eingetretenen Besucherprognosen. Das »Shakespearience« sei seiner Zeit voraus. Da müsse man Geduld haben, sagt er.

Und dann geht's ab!

Das Kino wird durchzuckt von einem Blitzgewitter. Man hört Fanfaren und Trompeten. Ich sitze in der letzten Reihe und traue meinen Augen nicht: Auf der Bühne erscheint ein Ball aus Licht. Der fliegt umher, wird größer und schießt Blitze in den Kinosaal. Dann erklingt ein Donnerschlag. Der Lichtball verändert seine Farbe, wird rot, dann gelb, dann grün, dann blau. Dann platzt er. Das Kino wird durchflutet von tausend kleinen Sternen. Und auf der Bühne steht ein Mann. Ein Mann in Schwarz. Wo kommt der her!?

Er blickt ins Publikum und sagt: »To be or not to be.«

Dann löst er sich auf und der Saal wird dunkel. Wahnsinn! Ich glaube nicht, was ich da sehe. Ich hatte einen Kinofilm erwartet und keine Hexerei. Das ist wie Star Trek! Es flackert golden. Wie ein Wetterleuchten. Und eine Stimme meldet sich zu Wort. Gewaltig, donnernd, allumfassend: »Welcome to ›Shakespearience‹! My name is William. William Shakespeare.«

In den nächsten fünfundvierzig Minuten entführt mich William in seine Welt. Mithilfe täuschend echt aussehender, dreidimensionaler Hologramme erweckt er die Titelhelden seiner größten Blockbuster zum Leben. *Hamlet*, *Richard III.*, *Romeo und Julia*, *Macbeth* und seine drei Hexen. Sie alle nehmen Gestalt an, betreten die Bühne und sprechen berühmte Textpassagen. Williams gewaltige Stimme erklingt und kommentiert die Szenen. Immer wieder erscheint Hamlet und tritt in einen Dialog mit seinem Schöpfer. Gemeinsam geben sie Einblicke in Williams Leben, seine Zeit in Stratford, die erste Premiere im Londoner Globe. Die Illusion ist derart bombastisch, dass ich vergesse, wo ich bin.

Zum Abschluss tritt Hamlet an die Rampe und vollendet seinen Monolog mit einem Totenschädel in der Hand. Es flackert golden und ein letzter Donner grollt. Der Schädel blitzt, wird wieder zu dem Ball aus Licht und explodiert. Dann Dunkelheit.

Als das Saallicht angeht, bin ich fassungslos. William Shakespeare hat zu mir gesprochen! Die ersten Gäste stehen auf und begeben sich zum Ausgang. Ich erhebe mich und gehe langsam zur Bühne. Aber die ist leer. Ein leerer Raum. Als wäre nichts gewesen. Was ein Ding! Ich ziehe meinen roten Federhut. Ein letztes Mal. Dann gehört er wieder dem »Shakespearience«.

Als ich das Kino verlasse, blendet mich die Abendsonne. Ich bin kein Liebesritter mehr. Mantel und Hut sind zurückgegeben. Nur die Maske gehört mir, ich habe sie dem Chef des Kinos für ein Pfund abgekauft. Dazu noch ein Holzschwert aus dem Souvenirladen für vier Pfund und 50 Pence. Für meine Schwester. Sie ist neun und liebt Ritter. Mit den verbleibenden sechs Pfund und 50 Pence mache ich mich auf den Weg zum Shakespeare Memorial im Herzen Stratfords. Ich bin mit Martyn, Tim und Arno zum Biertrinken verabredet.

Es ist Nacht in Stratford. Ich sitze auf einem Rasen und trinke billiges Bier aus einer Dose. Über mir funkelt der Sternenhimmel. Die Nacht ist wolkenlos. Martyn, Tim und Arno sind längst wieder zu Hause. Das Interview mit dem lokalen Fernsehsender lief gut. Martyn war zufrieden und spendierte eine Runde Dosenbier. Morgen wollen wir zusammen frühstücken. Arno und er jobben in den Ferien in einer Bäckerei.

Jetzt nippe ich an meinem warmen Bier und proste Shakespeare zu. Der sitzt auf seinem Denkmal genau vor mir. Auf einem Thron aus Stein. Auch wenn er mich nicht hört, längst nicht mehr unter uns weilt, womöglich überhaupt nicht der ist, für den alle Welt ihn hält – ich spreche ihm meinen Dank aus:

»Thank you, William!«

Er ist schließlich derjenige, dem ich diese Reise indirekt verdanke. Durch seinen *Sommernachtstraum* entdeckte ich die Liebe zum Theater. Durch seinen *Hamlet* schaffte ich die Aufnahmeprüfung an der Bochumer Schauspielschule. Durch seine Julia begegnete ich Magdalena. Durch seinen Romeo …

Ein Auspuff knallt. Erschrocken stehe ich auf. Ein Motor heult. Ich dreh mich um. Auf der Straße unweit des Denkmals kommt ein fettes Motorrad zum Stehen. Dann noch eins. Und noch eins. Dutzende laut donnernde Maschinen rasen heran. Die Fahrer sind muskelbepackt und tragen Sonnenbrillen. Sie parken die komplette Straße zu. Dann steigen sie ab.

»Welcome to Stratford!«, ruft ein dicker Typ mit langen Haaren.

Er öffnet eine Bierdose, prostet in meine Richtung und trinkt.

Ich gehe schlafen.

Tag 7

Es ist der Morgen des 11. August 2005. Ich sitze auf einer Kirchenbank in der Holy Trinity Church bei der Morgenandacht. Ein Knabenchor singt. Es ist ein Morgen des Abschieds. Erst Hilde und Victor. Dann Martyn und Arno. Und jetzt auch noch Shakespeare persönlich. William liegt draußen auf dem Friedhof. Sein Grab ist unscheinbar. Ein verwitterter grauer Stein im Schatten der Kirche. Das ist alles.

Ich fühle mich scheiße. Irgendwie leer. Nichts ist von Dauer. Alles verschwindet. Ich habe keinen Bock mehr. In einem Moment das große Gefühl, im nächsten das absolute Nichts. Dauernd treffe ich Leute, die mir ans Herz wachsen. Kaum sind wir uns ansatzweise vertraut, muss ich los. Wieder weiter. Wegen der Wette. Wegen der Liebe. Ich kann's nicht mehr hören!

Gott, bin ich müde. Der Knabenchor singt. Was hab ich mir da aufgehalst? Der Knabenchor singt. Ich kann einfach nicht mehr. Der Knabenchor singt. Ich schluchze los. Mitten im Gottesdienst. Tränen, Schnodder und Wimmern. Das ganze Programm. Erst kämpfe ich dagegen an. Aber dann lass ich los. Warum auch nicht? Ich heule mir die Seele frei. Im Hause des Herrn.

Als ich aufstehe, um die Kirche zu verlassen, berührt

mich eine Frau am Arm: »Don't be ashamed of your tears. Jesus loves you.«

Sie ist die Seelsorgerin der Holy Trinity Church und bietet mir ihre Unterstützung an.

»If you need to talk, call me.« Sie drückt mir ihre Visitenkarte in die Hand und wünscht mir alles Gute.

Es ist kurz nach elf. Die Vögel zwitschern. Ich stehe an der Landstraße Richtung Norden. Lustlos starre ich auf das Straßenschild vor mir. Birmingham. Die nächste Stadt auf meinem Weg zur Küste. Eine Arbeiterstadt, sagte Victor, 50 Kilometer von Stratford entfernt.

Ich gehe zum Straßengraben, um zu pinkeln. Hilde hat mir zum Abschied zehn Pfund geschenkt. Abzüglich einer neuen Tankfüllung beläuft sich meine Reisekasse jetzt auf zwölf Pfund. Bis zur Küste Englands sind es über 300 Kilometer. Dann kommt die Irische See. Und ich brauche eine Fähre. Ich kehre zurück zu meinem Roller und betrachte ihn. Seine Oberfläche ist ein Tagebuch, voll mit goldenen Unterschriften. Unterhalb der Sitzbank glänzt ein kleines Einrad. Darunter: *»Keep on juggling!«*

Ich packe den Motorölkanister aus. Romeo braucht dringend einen Drink.

Wieder knallt ein Auspuff. Ich höre dunkles Gestampfe. Hinter einer Kurve taucht eine schwarze Harley auf. Ihr Chrom blitzt in der Sonne. Sie blinkt, hält Kurs auf meine Seitenbucht und kommt hinter mir zum Stehen. Der Fahrer trägt ein Kopftuch und ein schwarzes Shirt von Motörhead. Sein Bart ist rot und seine Augen sind verspiegelt.

Er grinst mich an und sagt: »Problems?«

Seine Stimme klingt erstaunlich hoch. Dann fängt er an zu lachen. Kurz und künstlich. Wie bei einer Sitcom.

»My name is Lexifer. Like Lucifer. You can call me Lex.«

Wieder erschallt sein comichaftes Lachen. Lex ist Amerikaner aus Washington D.C. Er arbeitet als Programmierer und verdient damit einen Haufen Geld. Einmal im Jahr fliegt er nach England, leiht sich eine Harley und kommt nach Stratford. Im August gibt's da ein großes Treffen für Biker aus der ganzen Welt.

»Man, I like your bike!«, sagt er und grinst. »Where the hell do you wanna go with that!?«

Lex fängt wieder an zu lachen. Diesmal kriegt er sich kaum ein. Dann schnappt er sich ein kleines blaues Handtuch und trocknet sein Gesicht.

»It's god damn hot, man!«

Ich wische mir die ölverschmierten Hände an meiner Lederhose ab und packe den Kanister wieder ein. Anschließend gebe ich Lex anhand der goldenen Beschriftungen auf Romeo einen ausführlichen Bericht meiner bisherigen Rollerreise.

»Hallelujah! You seem to be a fucking brave man!«

Lex würdigt meinen Roller mit einem Blick aufrichtiger Anerkennung. Dann nimmt er zum ersten Mal die Sonnenbrille ab und sieht mich an: »Do you like castles?«

Lex lädt mich ein, mit ihm das Kenilworth Castle unsicher zu machen. Eine zerfallene Ritterruine ein paar Kilometer die Straße runter. Er liebt alte Burgen und freut sich wie ein kleiner Junge, als ich zusage.

Um kurz vor zwölf erreichen wir den Parkplatz des Gemäuers. Lex zahlt den Eintritt für uns beide. Ich verstecke meinen Rucksack hinter einem Felsen und die Tour beginnt. In den nächsten zwei Stunden vergessen wir die Gegenwart und verlieren uns in der Zeit von Königen und Rittern, mithilfe eines multilingualen Audioguides. Wir besteigen die Burgmauer und blicken in eine grüne Landschaft voller Hügel. Auf einer Wiese weidet ein Schäfer seine Schafe.

Dann geht es eine steinerne Wendeltreppe hinab, tief runter in den Folterkeller. Lex bringt sich hin und wieder selbst zum Lachen. Ich lache mit. Ansonsten sprechen wir kaum. Immer wieder trocknet er sein Gesicht mit seinem kleinen blauen Handtuch. Als wir den Turm der Burg betreten, machen wir Rast und rauchen eine Zigarette. Ich beuge mich über eine Zielscharte und blicke nach unten. Drei Kinder rennen lachend über eine grüne Wiese.

Als wir zurück bei unseren Maschinen sind, holt Lex eine Flasche Scotch aus seiner Satteltasche.

»Cheers, bro!«, sagt er und genehmigt sich einen Schluck. Dann reicht er sie mir und sagt: »Was good to meet you. Felt a bit lonesome today.«

Der Scotch brennt meine Kehle runter, schmeckt rauchig und tut gut. Lex steigt auf seine Harley und drückt dreimal auf die Hupe. Wir geben uns die Hand und er ist weg. Ich stehe in der Sonne und genieße den Alkohol in meinem Blut. Eine Hummel summt vorbei. Zufrieden bereite ich die Weiterreise vor. Da entdecke ich das blaue Handtuch. Es liegt neben Romeo im Staub. Ich hebe es auf und klopfe es sauber.

Da hör ich wieder eine Hupe. Lucifers Harley kommt zurückgebrettert. Eine Staubwolke steigt über dem Parkplatz auf. Ich winke mit dem Handtuch. Lex dreht einen Kreis um Romeo und mich, schnappt mir das Handtuch aus der Hand, fängt tierisch an zu lachen und brüllt: »Never lose your towel!«

Birmingham empfängt mich mit zugezogenem Himmel und einer blassen Sonne.

Von der Autobahn abgefahren, folge ich immer der gleichen Straße Richtung Zentrum. Die Stadt ist unspektakulär, grau, eckig, schnörkellos. Ich sehe Menschen, die ihrer Arbeit nachgehen und Menschen, die keine mehr haben. Was ich nicht sehe, sind Touristen. Dann kommt die Innenstadt. Ich bemerke einen Jungen mit bunten Gasballons, der vor einem Einkaufszentrum steht. Was jetzt?

Ich habe keine Ahnung, wo ich hinwill. Also lasse ich Romeo die Wahl. Mal fährt er links, mal rechts, mal einfach geradeaus. Wer kein Ziel hat, kann sich nicht verfahren. Und plötzlich erblicke ich ein grünes Schild. Es ist die Leuchtreklame eines Irish Pubs. Wär doch gelacht, wenn die mir keine Arbeit geben! Ich halte an, steige ab und gehe hinein.

Zwanzig alte Männer sitzen an der Bar und trinken Guinness. Sie starren mich an. Ohne jeden Ausdruck im Gesicht. Wie ist das möglich? Vorsichtig gehe ich zum Tresen. Da steht die Kellnerin mit verschränkten Armen.

Ich sage: »Hello!«

Keine Antwort.

Was geht hier vor? Vielleicht geschlossene Gesellschaft. Da hilft nur eins. Ich hole Huck hervor. Mein Schlumpf wirkt schließlich Wunder. Ich stell ihn auf den Tresen und sage: »This is my friend Huck. He's a Smurf.«

Niemand lacht.

»We travel together and we're looking for work.«

Keine Reaktion.

Was ist denn los, verdammt? Langsam wird es unheimlich.

Ich nehme Huck in meine Hand und schenke der Kellnerin mein schönstes Lächeln.

»I'm looking for a job. Do you have a job for me?«

»No.«

Ihre Antwort ist erschreckend schlicht.

Na dann: »Bye.«

Ich stecke Huck in meine Tasche und verlasse schleunigst diesen Ort.

Es ist kurz nach drei. Ein Wind kommt auf. Ich spüre erste Regentropfen. Was für ein Empfang. Nun ja, die Nummer mit dem Schlumpf war dämlich, zu unseriös. Vielleicht ist diese Stadt zu rau für mich. Ich sollte einfach weiterfahren. Mein Benzingeld wird mich bis zur Küste bringen. Und da liegt Liverpool. Die Stadt der Beatles.

Ich binde mir mein blaues Halstuch um und ziehe meine Regenkombi an. Auf der andern Straßenseite steht ein Mann vor einem Mikrofon. Er trägt einen weißen Anzug und spielt Gitarre. Ich mache einen U-turn und fahre näher ran. Der Mann ist eine große Puppe: Elvis Presley.

Er steht vor einem Musikgeschäft. Über dem Schaufenster thront eine überdimensionale Klaviatur mit dem Schriftzug: »John Sparky's Piano Sales«. Das Geschäft ist mit Plakaten zugeklebt. Darauf spielt ein Mann Klavier. Ich parke Romeo neben Elvis Presley und betrete den Laden.

Eine Türglocke bimmelt. Der Laden ist eng und vollgestopft mit alten Instrumenten: Geigen, Gitarren, mehreren Klavieren und einem Cembalo. Neben einem riesigen Grammofon hängen Fotos von dem Mann mit Klavier, in der Mitte ein vergilbtes Portrait von Shakespeare. Hinter der Kasse öffnet sich ein roter Vorhang. Ein alter Mann erscheint. Es ist der Mann von den Fotos. Seine Haare sind weiß.

»Welcome to John Sparky's Piano Sales. I am John Sparky Sly. What are you looking for?«

»Well, I've just come from Stratford ...«, sage ich.

»Oh! Stratford! That's a lovely place, isn't it?«, fängt John Sparky Sly an zu schwärmen.

Mehr brauche ich nicht zu sagen. Stratford ist das Schlüsselwort, das den Besitzer des Musikgeschäfts zum Reden bringt. Und er redet wie ein Wasserfall. Ohne Punkt und Komma. Ich stehe da, den Helm in meiner Hand und lausche.

Er, John, das betont er mehrmals, sei der größte Shakespeareliebhaber auf dem Planeten. Er habe unzählige Songs zu Shakespeares Ehren geschrieben. Mit seiner berühmten Stratford Shakespeare Show habe er

William sein persönliches Denkmal gesetzt. Stratford sei sein zweites Zuhause. Nicht zuletzt, da er mit Shakespeare verwandt sei. Geistig sowieso, aber auch biologisch. Er sei der Enkel eines Enkels eines Ururgroßenkels. Und dieser wiederum sei blutsverwandt mit William Shakespeare selbst.

Nach einem halbstündigen Monolog überreicht mir John Sparky Sly stolz sein handsigniertes Album. Eine CD mit allen Liedern seiner Stratford Shakespeare Show. Dann hüpft er vor die Tür und malt mir ein goldenes Klavier auf meinen Roller. Ich bin beeindruckt. Trotz seiner siebzig Jahre strahlt John vor Energie und Lebensfreude.

»To be old and wise, you must first be young and stupid«, ruft er mir zum Abschied hinterher.

Ich kriege Hunger. Birmingham scheint interessanter zu sein, als ich dachte. Auf der einen Straßenseite straft man dich mit Grabesstille, auf der anderen quatscht man dich in Grund und Boden. Kontrastreich, diese Stadt. Über den Dächern ragt ein brauner Schornstein in den Himmel. Ich sehe Graffiti und eine alte Telefonzelle. Aus einer Kneipe an der Ecke kommen zwei junge Typen. Sie haben bunte Haare und zwei schicke Laptoptaschen. Sie gehen in eine Seitengasse. Ich fahre langsam hinterher. In der Gasse liegen Künstlerateliers, ein Spielplatz und eine Werbeagentur.

»Excuse me, guys. I'm looking for something to eat.«

Die beiden Punker zeigen auf einen Komplex aus Stahl und Glas.

»›Rooty Frooty‹«, antworten sie. »It's all organic.«

Das »Rooty Frooty« ist ein kleines Restaurant im Erdgeschoss des Komplexes. Das angebotene Essen wird frisch zubereitet und besteht ausschließlich aus biologischen Zutaten. Entsprechend hoch sind hier die Preise.

»What can I do for you?«, fragt mich der Mann hinter der Theke.

Sein Englisch klingt rau und kantig.

»What is the cheapest thing you have?«

Er lächelt.

»Well, it's all fresh and organic food, boy. But I know the prices are much higher than even I could afford«, sagt er solidarisch.

Wir kommen ins Gespräch. Sein Name ist Rod. Er ist gebürtiger Birminghamer und hat fünf Jahre lang auf der Straße gelebt. Alkoholprobleme.

»I made bad decisions.«

Dann hat er einen Rappel gekriegt, den Alkohol abgesetzt und angefangen Fußball zu spielen: »The best decision in my life.« Mittlerweile ist Rod der Chef des »Rooty Frooty«.

Ich erzähle ihm, dass ich auf dem Weg nach Liverpool bin, dass ich dort einen Job finden muss, um mir die Fähre nach Dublin leisten zu können, dass ich dann ein ganz bestimmtes Buch für eine ganz bestimmte Frau finden muss und dass ich schließlich von Dublin wieder zurück nach Deutschland fahren muss. Und dass ich Hunger habe. Rod verschwindet in der Küche und kommt mit einem Teller Suppe wieder. Er stellt ihn vor mich auf die Theke.

»It's not completely organic, boy, but it tastes alright.«

Es ist eine Gemüsesuppe mit gebratenem Speck. Rods selbst gekochtes Mittagessen.

»Enjoy«, sagt er und drückt mir einen Löffel in die Hand.

Ich setze mich an einen langen Holztisch und ziehe meine Regenkombi aus. Dann fange ich an zu löffeln.

»It's fantastic!«, rufe ich Rod zu, der mit einer blonden Frau Gemüse wäscht.

»Eat slowly, boy«, ruft er zurück.

Mir gegenüber sitzt ein junger Mann vor einem aufgeklappten Laptop. Er trägt ein blaues Hemd mit gelber Krawatte. Auf seinem Teller liegt ein angebissener Hamburger. Kauend sieht er mich an und hebt die linke Hand zum Gruß.

»You are looking for a job?«, fragt er und wischt sich die Hände an einer Serviette ab.

Steven. Er hat kürzlich sein BWL-Studium abgeschlossen. Jetzt ist er DJ. In den Sommermonaten organisiert er große Technopartys in runtergekommenen Fabrikhallen. Dafür sucht er jemanden, der für zwei Stunden Flyer verteilt.

»Steven, that's great!«

Ich bin begeistert.

»I'm the perfect man for you!«

Auch Steven ist begeistert.

»Well then, let's meet again tomorrow afternoon at one o'clock.«

Morgen!? Das geht nicht. Da will ich längst in Liverpool sein. Warum nicht heute? Die Flyer kommen erst morgen aus dem Druck, erklärt mir Steven.

»I'm sorry, man«, sagt er. »You'll find something else, I'm sure.«

Wir stehen auf und gehen gemeinsam an die Theke. Steven bezahlt für seinen Burger.

»How much for the soup?«, frage ich Rod.

Der sieht mich an und runzelt die Stirn.

»Don't be silly, boy! It's on me.«

»Thank you, Rod. Thanks for the great food at Frooty Rooty, ähm, ›Rooty Frooty‹.«

Ich muss grinsen. »Rooty Frooty«. Was für ein Name!

»Listen, boy«, sagt Rod und winkt seiner Kollegin. »If you can be up early in the morning, I can offer you a job.«

Rod hat sich mit seiner Kollegin Kate folgendes Jobangebot überlegt: Ich könnte in der Küche helfen. Von sieben Uhr morgens bis zwölf Uhr mittags. Als Mädchen für alles. Voraussetzung: Ich finde einen Schlafplatz für die Nacht.

»I could sleep in your restaurant. Just on the floor«, ergreife ich das Wort. »No problem. I have a sleeping bag.«

Rod schüttelt den Kopf.

»Sorry, boy. That's not allowed. If you don't find a place to sleep, I can't give you any work.«

Ich bin ratlos. Zwei Jobangebote auf einmal. Aber keinen festen Wohnsitz. Was ne Scheiße!

»Well«, Steven mischt sich ein. »I can't help you either, sorry. I've just got a single room. But if you're still alive tomorrow, give me a call.«

Er schreibt seine Handynummer auf einen Bierdeckel und gibt ihn mir.

»Good luck!«

Ich ziehe meinen Rucksack an und verabschiede mich bei Rod und Kate. Rod drückt mir einen Apfel in die Hand und sagt: »The same with us, boy. If you knock on the door in the morning, there'll be potatoes for you to slice. If not, I wish you a safe trip home.«

Ich schwinge mich auf Romeo und fahre zurück zur Hauptstraße. Es ist kurz vor fünf. Die Regentropfen sind verschwunden. Entweder mit Vollgas Richtung Liverpool oder einen Schlafplatz finden. Ich könnte auf der Straße übernachten, irgendwo in einem Hauseingang. Aber woher weiß ich, wann ich aufstehen muss? Ich habe keinen Wecker.

Unschlüssig gurke ich durch Birmingham. Die Stadt ist alles andere als schön. Ob es gefährlich ist, hier zu übernachten? Liverpool ist sicher freundlicher. Andererseits ist es noch weit. Und wenn ich dort zu spät eintreffe, stehe ich vor derselben Schwierigkeit. Ich wünsche mir ein Zeichen, ein Signal, etwas, das mir bei der Entscheidung hilft.

Aber alles, was ich sehe, ist dieses Grau in Grau von Birmingham. Ich gebe Gas. Ein Schild weist mir den Weg in Richtung Autobahn. Was soll das unergiebige Gegrübel? Anstatt hier festzuhängen, bewege ich mich lieber fort. Ich tätschle Romeos linke Flanke, als wäre er ein Pferd. Als könnte er mir zeigen, wie er die Sache sieht. Aber er fährt einfach geradeaus. Kein Jubel, kein Protest.

Wir fahren unter einer Brücke durch und mein Blick wandert nach oben. Da schwebt ein roter Punkt. Ein Gasballon. Ein breites Lächeln zieht durch mein Gesicht. Es ist ein Herz. Ein Herz am Himmel über Birmingham.

An zwei gusseisernen Ketten hängt ein schweres Schild aus Holz: »The Old Crown«. Das älteste Hotel von Birmingham, gebaut im 14. Jahrhundert. Ein wunderschönes Fachwerkhaus mit schrägem Dach und schiefen Wänden. Das Herz am Himmel hat mich froh gestimmt und mich hierhergeführt.

Jetzt kehre ich die Straße und den Innenhof. Mit einem breiten Besen, einem Kehrblech und einer Mülltonne auf Rädern. Der Direktor ist ein gebeugter Herr im Anzug. Erst war er etwas mürrisch, hielt mich für einen heimatlosen Taugenichts. Jetzt beobachtet er wohlwollend meine Hingabe als Reinigungskraft. Er hat verstanden, wie sehr ich einen Schlafplatz brauche und dass sein Obdach mir zugleich zwei Jobs verschafft und mir damit das Ticket für eine Fähre löst, die mich zum Ziel von einer Reise bringt, die im Zeichen eines Herzens steht.

Unsere Übereinkunft sieht die Reinigung des gesamten Innenhofes des Hotels sowie des angrenzenden Gehweges vor. Mein Lohn: die Abstellkammer. Ab 23 Uhr. Dort werde ich mit Isomatte und Schlafsack meine wohlverdiente Nachtruhe finden. Zudem wird mir der Herr des Hauses seinen persönlichen Wecker zur Verfügung stellen.

Das Kehren macht mir große Freude. Bringt mich zur Ruhe. Meine Gedanken ordnen sich. Wie schon seinerzeit in Brügge bin ich bemüht um größtmögliche Sauberkeit. Das Vertrauen des Hoteliers soll sich bezahlt machen.

Als ich nach einer guten Stunde fertig bin, bin ich zufrieden. Der Hof ist sauber, der Gehweg glänzt und auch mein Auftraggeber nickt bestätigend. Ich schiebe Romeo in den Innenhof und kette ihn an einen Fahnenmast. Auf der Fahne schimmert golden eine Krone.

Ich schleppe mein Gepäck ins Haus und verstaue es in der Abstellkammer hinter einer Palette Klopapier. Dann wünsche ich dem Chef und seinen Angestellten einen schönen Abend. Bis 23 Uhr muss ich die Zeit totschlagen. So lange wird die Kammer noch gebraucht.

Es ist kurz vor acht. Ein kühler Abendwind bläst durch die Straßen. Ich habe Steven angerufen und für morgen zugesagt. Jetzt sitze ich in einer Fußgängerzone und klimpere auf meiner Gitarre. Die letzten Geschäfte schließen ihre Türen. Metallgitter fahren rasselnd nach unten.

Was wohl Magdalena denken würde, wenn sie mich jetzt hier sitzen sehen könnte? Sie wäre sicherlich beeindruckt und würde sich in mich verlieben. Ein wohliges Gefühl durchflattert meinen Magen. Wer macht schon so eine krasse Reise, für eine Frau, die er vergöttert?

Andererseits, ich weiß fast gar nichts über sie. Wovon sie träumt. Was sie mag. Was sie nicht mag. Tja, vielleicht ist das auch besser so, kommt mir erstmals der Gedanke. Womöglich findet sie das alles doof. Viel zu übertrieben und pathetisch. Unnötig. Dann wär das alles gar umsonst ...

»Excuse me, Sir«, eine höfliche und sanfte Stimme unterbricht meinen Gedankengang. »Sorry for interrupting.«

Vor mir steht ein junger Mann und macht eine Verbeugung.

»My name is Genyo Takeda. I am a student from Osaka. Would you like to drink a beer with me?«

Er holt zwei Dosen Budweiser aus einer weißen Plastiktüte und bittet um Erlaubnis, sich setzen zu dürfen. Genyo ist Elektrotechnikstudent aus Japan und im Rahmen eines Austauschprogramms für drei Monate in Birmingham. Er hat die letzten sechs Wochen nur mit Mathematik zu tun gehabt. Der heutige Abend ist sein erster freier Abend, seit er in die Stadt gekommen ist. Eigentlich trinkt er überhaupt kein Bier.

»I thought it might be easier to start a conversation«, erklärt er mir. »Don't you think so?«

Ich nippe an meinem Bier und sage: »Well, it works.«

Wir lachen und schauen in den Abendhimmel.

Drei Stunden später kann ich meinen Namen auf Japanisch schreiben und Genyo kennt die Gitarrengriffe von *Knockin' on Heaven's Door*. Er begleitet mich zurück zu meinem Nachtquartier. Dann malt er ein japanisches Schriftzeichen auf die Rückseite von Romeos linkem Rückspiegel. Ein Strichmännchen ohne Kopf und Arme. Das Symbol für Mensch.

»Thanks for the inspiration, Jonas«, sagt er und verbeugt sich vor mir.

»Thanks for the inspiration, Genyo«, sage ich und verbeuge mich vor ihm.

Als ich das Hotel betrete, steht vor mir der gebeugte Herr des Hauses.

»Are you hungry?«

Seine Köchin, erzählt er, habe sich sehr über den frisch gefegten Hof gefreut und ein Stück Lasagne für mich aufbewahrt. Das steht jetzt dampfend an der Bar. Daneben ein Glas Wein. Ich nehme Platz auf einem Hocker und fange dankbar an zu essen. An der Bar sitzt niemand außer mir. Das Hotel ist still. Nur in der Küche steht ein Radio und quasselt leise vor sich hin. Als ich mit dem Essen fertig bin, steht mein Gastgeber wieder neben mir.

»We have a bit of a problem«, sagt er beschämt. »There was an accident today.«

Als ich weg war, gab es einen Rohrbruch. Meine Abstellkammer, erklärt er mir, stehe unter Wasser und sei als Schlafplatz gänzlich ungeeignet. Auch mein Rucksack sei leider etwas feucht geworden. Er bedauere dies zutiefst und stehe nun in meiner Schuld.

»You did a wonderful job today«, sagt er. »Now it's up to me to give you something in return.«

Dann bittet er mich, ihm zu folgen. Über eine schmale Holztreppe gehen wir in den zweiten Stock. Das ganze Haus verströmt den Duft eines längst versunkenen Zeitalters. Vor Jahrhunderten verkehrten hier die ersten Gäste. Wir gehen einen engen Flur entlang. Über uns hängen schwere, dunkle Balken. Vor einer runden

Eichentür bleibt der Herr des Hauses stehen, zieht einen alten Schlüssel aus der Tasche seines Sakkos und steckt ihn in das Schlüsselloch.

»If you don't mind, this will be your chamber for the night.«

Er dreht den Schlüssel nach links und gibt der Türe einen Schubs. Mit einem Ächzen schwingt sie ins Innere des Zimmers. Vor mir, in flackerndem Kerzenlicht, eröffnet sich ein königliches Schlafgemach: Ein schwarzes Himmelbett thront mächtig an der linken Wand. An der rechten steht ein alter Sekretär. Davor ein thronartiger Stuhl, bezogen mit blauem Samt. Auf dem Boden liegt ein großer handgeknüpfter Teppich. Ein Wappen mit einem roten Pferd ist darauf eingestickt. In der Mitte des Raumes hängt ein eiserner Kronleuchter mit zwölf gläsernen Kerzen. Sie tauchen das Zimmer in goldenes Licht.

Ich kann nicht glauben, dass dieses Zimmer mir gebührt und sehe meinen Gastgeber ungläubig an. Der nickt bestätigend und sagt: »The hotel is fully booked. The only room we can offer to you is this: our suite.«

Dann führt er mich ins Badezimmer, das funkelt und glänzt. Blaue und goldene Fliesen bedecken den Boden und Teile der Wände. Über dem Waschbecken befindet sich ein riesiger, runder Spiegel. Daneben hängt ein königsblauer Bademantel. In der Duschzelle aus Glas sind mehrere Massagedüsen in die Rückwand eingelassen.

Beim Hinausgehen überreicht mir der Hoteldirektor einen roten Wecker aus Metall und sagt: »Hundreds of years ago, Queen Elisabeth I slept in the bed you will sleep in tonight. Have a wonderful night and sweet dreams.«

Er drückt mir den Schlüssel in die Hand und geht.

Kaum ist er weg, hüpfe ich jauchzend durch das Zimmer. Unglaublich! Die Kammer einer Königin. Das Himmelbett ist groß und bietet locker Platz für drei. Lustvoll schmeiße ich mich in die frischen weißen Laken. Dann lasse ich alle Kleider fallen und renne ins Bad. Die Massagedüsen sind der Hammer! Anschließend schlüpfe ich in den blauen Bademantel und schreite durch den Raum. Ich greife mir den königlichen Stuhl, setze mich an eins der Fenster und werfe einen Blick nach draußen.

Ich sehe Autos vorüberfahren. Eine Ampel springt auf Grün. Das Birmingham der Gegenwart. Ich drehe mich um und betrachte meine Suite. Hier lebt noch die Vergangenheit. Hier herrscht ein anderer Geist. Wer weiß, womöglich liebten sich hier einst zwei Liebende …

Ich lösche das Licht und krieche nackt ins Bett. Auf meiner königlichen Nachtkommode thront der rote Wecker. Er tickt. Es ist Mitternacht. Im Dunkel des Zimmers schließe ich die Augen und träume mich in die Vergangenheit …

Tag 8

Ich bin erregt, als ich erwache. Nackt, wie ich bin. Nur leider nicht im amourösen Sinn.

Der Wecker hat geklingelt. Ich hab ihn auch gehört. Nur dann von meinem Nachttischchen gestoßen. Jetzt ist es 6:47 Uhr. In dreizehn Minuten beginnt meine Schicht als ungelernte Küchenhilfe. Panisch renne ich ins Bad. Gleichzeitig hole ich das schwarze Guinness-Shirt aus meinem Rucksack und ziehe es über, während ich mir die Zähne putze. Ich blicke in den Spiegel und denke an den Irish Pub in Brügge. Vom Rohrbruch ist das T-Shirt tatsächlich etwas feucht geworden.

Schnell packe ich mein Zeug zusammen und begebe mich ins Erdgeschoss. Der Herr des Hauses hat mir angeboten, mein Gepäck bis zu meiner Wiederkehr in seinem Büro aufzubewahren. Ich verlasse das Hotel. Am Himmel glüht die Morgensonne.

Um zehn nach sieben stehen Romeo und ich vor einem vier Meter hohen Marterpfahl aus Holz. Daran hängt Obst und Gemüse, ebenfalls aus Holz. Riesige Bananen, Kürbisse, Erdbeeren und Zucchini. Von oben nach unten gelesen ergeben sie den Namen meiner neuen Arbeitsstätte: »Rooty Frooty«.

Ich renne schuldbewusst zum Kücheneingang und klopfe an die Tür. Mein erster Arbeitstag, und schon zu spät. Die Tür geht auf und Rod steht vor mir. Er hält eine Schürze in der Hand und sagt: »Good to see you, boy!«

Dann reicht er mir die Schürze.

»One coffee and then let's go.«

Wir sind zu viert. Rod, Kate, Ganner und ich. Kate ist Ende zwanzig und arbeitet im Service. Sie ist Expertin für Desserts. Ganner ist der Koch des »Rooty Frooty«. Ein großer Mann mit Glatze. Er kommt aus Ghana und ist ein Meister der Gewürze.

In meiner ersten Schicht von 7:30 bis neun Uhr ist Kate meine Ansprechpartnerin. Gemeinsam kümmern wir uns um den Abwasch. Es gilt, einige große Töpfe zu reinigen. Außerdem müssen zwei Paletten Weingläser poliert werden. Wenn dann noch Zeit bleibt, steht Besteckssortieren auf dem Programm.

Hoch ambitioniert mach ich mich ans Werk. Meine Verspätung sitzt mir noch im Nacken. Kate arbeitet konzentriert und schnell. Ich versuche mitzuhalten und das zu tun, was sie mir sagt. Nach einer halben Stunde tropft mir der Schweiß von der Stirn.

Ganner singt und brät Gemüse an. Im Vergleich zu Kate ist er gesprächig. Immer wenn sich unsere Wege kreuzen, grinst er mich an und reicht mir eine neue Köstlichkeit. Dann sagt er: »Try. It's good«, und erwartet meine Reaktion.

Um neun Uhr nimmt mich Ganner unter seine Obhut.

Er überlässt mir einen Berg Kartoffeln. Die soll ich schälen und dann in Scheiben schneiden. Anschließend wasche ich Gemüse. Tomaten, Paprika und eine große Aubergine.

Rod pendelt währenddessen zwischen Vorratskeller und Speisesaal. Er füllt frischen Obstsalat in gläserne Schüsseln und dekoriert die Theke mit Mangos, Kiwis und Bananen.

»You like your work at ›Rooty Frooty‹?«, ruft er mir zu.

Ich nehme drei Orangen in die Hand und werfe sie in die Luft.

»It's great!«, rufe ich zurück und jongliere eine Weile.

»Can you teach me?«

Ganner hat sich ebenfalls drei Orangen geschnappt und schaut mir neugierig über die Schulter. Wir machen einen Deal: Ich zeige ihm die Grundlagen der Jonglage und er weiht mich in seine Poesie des Paprikaschneidens ein. Durch einige gezielte Schnitte verliert die Paprika dabei ihren Kern und öffnet sich wie eine Blüte.

Um zehn Uhr macht der Laden auf. Rod und Kate übernehmen Service und Kasse. Ganner drückt mir einen frisch gepressten O-Saft in die Hand und sagt: »Now I teach you how to make lasagne.«

Seine Gemüselasagne ist die Spezialität des Hauses und mittlerweile legendär. Während Ganner mit seinen drei Orangen übt, weine ich beim Zwiebelschneiden. Außerdem schneide ich Kohl, Karotten, Pilze und Tomaten. Zum Abschluss lasse ich drei rote Paprika erblühen. Dann wirft mir Ganner die Orangen zu und beginnt mit seiner Kräuterprozedur. Er mahlt schwarzen Pfeffer und zerkleinert frischen Ingwer.

»Now you mix it up with herbs from Ghana«, sagt er und streut die Mischung in die köchelnde Lasagnefüllung.

Schließlich holt er eine große Auflaufform und gemeinsam gehen wir ans Werk. Er legt die selbst gemachten Nudelplatten und ich gieße die dampfende Gemüsefüllung drauf. Dann streuen wir zusammen Käse und Ganner schiebt die Lasagne in den Ofen. Wir schlagen ein und machen uns ans Aufräumen.

Um zehn nach zwölf bin ich mit Spülen fertig. Meine Schicht ist um. Ich lege meine Schürze ab. Rod kommt in die Küche und beglückwünscht mich: »Good work. You were a great help.«

Auch Kate verlässt kurz ihren Posten und reicht mir ihre Hand: »Not bad for your first day.«

Sie lacht und ergänzt: »Thanks for trying to teach Ganner to juggle. We'll make sure he practices.«

Dann steht Ganner vor mir und hält mir einen Teller mit einem großen Stück Lasagne vor die Nase: »Try. It's good.«

Es ist 12:50 Uhr. Ich bin müde, satt und vermögend. Die Lasagne war das Beste, was ich an vegetarischer Küche jemals zu mir genommen habe. Rod hat mir für meine fünf Stunden Arbeit einen Lohn von 30 Pfund ausgezahlt. Und Kate hat mir zum Nachtisch eine Crème brûlée gereicht.

Am liebsten würde ich morgen wiederkommen. Das »Rooty Frooty« mit seinen drei großartigen Mitarbeitern war der absolute Glückstreffer! Das Ticket für meine Fähre nach Dublin ist in greifbare Nähe gerückt.

Alle drei verewigen sich auf Romeo. Links unter meiner Sitzbank hinterlässt Ganner die wichtigsten Zutaten seiner Lasagne:

- *Mushrooms, sweet peppers, onions, carrots, tomato paste, chopped tin tomatoes, cabbage, leek*
- *Lasagne sheets, cheese*
- *Salt, black pepper, paprika, mixed herbs*

Um Punkt 13 Uhr taucht Steven in einem grauen Volvo auf.

»Are you ready?«, ruft er mir zu.

»Yes, I am!«, rufe ich zurück.

»Well then, follow me.«

Er gibt Gas in Richtung Innenstadt. Ich werfe einen letzten Blick zum Rooty-Frooty-Marterpfahl und winke. Dann fahre ich Steven hinterher.

Kurz darauf stehen Steven und ich auf einem großen Platz vor einem Einkaufszentrum. Ich entdecke den Jungen mit den bunten Gasballons vom Vortag wieder.

»Keep flyering here. It's perfect«, sagt Steven und überreicht mir einen Rucksack voller Flyer. »People between twenty and thirty are great«, fügt er hinzu. »And especially beautiful girls.«

Steven grinst. Dann raunt er mir konspirativ ins Ohr: »When I come back, there might be another job for you. A bit dangerous, but I'll pay you well.«

Meine Neugier ist geweckt.

»What do you mean?«

»Later«, sagt er geheimnisvoll und läuft zurück zu seinem Auto.

Ich nehme einen Packen Flyer aus dem Rucksack und fange an sie zu verteilen. An Leute zwischen zwanzig und dreißig. Vorrangig schöne Frauen, genau wie Steven es sich wünscht. Die Flyer bewerben eine Technoparty am nächsten Wochenende irgendwo in Birmingham. Sie gehen zügig weg. Der Platz ist voll mit jungen Leuten.

Ich blicke zu dem Jungen mit den vielen Gasballons. Er steht in der Mitte des Platzes unter einer bunten Wolke: Pferde, Herzen, Superhelden und ein Dinosaurier. Er ist die ganze Zeit allein. Nur ab und an erscheinen ein paar Kinder und strecken ihre Hände in die Luft. Dann kommen ihre Eltern und ziehen sie weiter. Seine Augen blicken traurig in den Himmel.

Es ist kurz nach drei. Mein letzter Flyer wandert in die Hände eines schönen Mädchens. Schließlich ist der Rucksack leer. Der zweite Job erledigt. Zur Feier des Augenblicks kaufe ich mir eine Kugel blaues Schlumpfeis und setze mich auf eine Bank. Am Himmel stehen ein paar Wolken. Ein leichter Wind kommt auf. Die bunten Gasballons tanzen unruhig in der Luft.

Um 15:30 Uhr steht Steven vor mir und drückt mir mein zweites Gehalt in die Hand. 18 Pfund für zwei Stunden Flyerflirten. Abzüglich der Eiskugel und des gestrigen Münztelefonats beläuft sich mein aktuelles Vermögen auf 57 Pfund und 70 Pence.

»Well …«, schlägt Steven wieder seinen konspirativen Ton an.

»There is one more job for today. One hour. 30 pound. Are you interested?«

30 Pfund für eine einzige Stunde!? Wahnsinn. Was soll ich dafür tun? Steven geht mit mir zu seinem Auto. Er holt ein goldenes Plakat aus dem Kofferraum und unterbreitet mir die Einzelheiten seines Angebots. Er möchte mehr Publicity für seine Partys. Dafür will er Plakate an zentralen Orten in der Stadt aufhängen. Allerdings ohne Genehmigung. Illegal.

»Cool!«, sage ich. »Sounds like an adventure!«

Steven bremst mich.

»Sometimes it's not funny.«

Einmal hätten ihn die Bullen schon erwischt. Das war teuer und gab eine Verwarnung.

»If they catch us, we'll both have to pay.«

Ich zweifle kurz. Dann denke ich an Magdalena, an Bochum und daran, wohin mich diese Reise schon geführt hat. Falls ich irgendwann ein Buch darüber schreiben sollte, darf ich mir an dieser Stelle dieses Abenteuer nicht entgehen lassen.

Wir steigen ein. Steven gibt Gas und drückt auf Play. *Smooth Criminal* von Michael Jackson. Wir heizen durch die Stadt in Richtung Westen. Stevens Plan sieht vor, von außen nach innen zu plakatieren. Wir beginnen in dem Bezirk, in dem die Party steigen wird. Dann arbeiten wir uns ins Zentrum vor. Dort ist die Polizeipräsenz am stärksten und die Operation am gefährlichsten.

Aber Steven hat die Aktion hervorragend vorbereitet. Alle Plakate sind bereits präpariert und verfügen über entsprechende Drahtaufhängungen.

Und so läuft's ab: Steven fährt uns so nah wie möglich an das Zielobjekt heran, beispielsweise an einen bestimmten Laternenmast, einen Zaun oder eine Ampel. Dann steige ich aus und renne los. Ein Plakat ist innerhalb weniger Sekunden befestigt. Während ich die Aktion ausführe, lässt Steven den Motor laufen und beobachtet die Umgebung, um mich gegebenenfalls zu warnen.

Nach einer halben Stunde haben wir einundzwanzig Plakate geschafft. Steven ist begeistert.

»We're lucky. There are no police today!«

Wir nähern uns der Innenstadt. Der Verkehr nimmt zu. Die Parkmöglichkeiten nehmen ab. Aber Steven und ich haben einen immer besser funktionierenden Rhythmus entwickelt. Er kennt die geeigneten Stellen und findet immer den richtigen Zeitpunkt, an dem er mir sein »Go!« gibt. Ich werde immer schneller beim Aufhängen und Zurück-zum-Auto-Rennen.

Nach fünfzig Minuten funkeln vierunddreißig goldene Plakate in der Stadt. Wir sind mitten im Zentrum. Es ist 16:40 Uhr und wir nähern uns dem Ausgangspunkt. An der Straße vor uns taucht eine Ampel auf. Daneben liegt ein Fußballplatz.

»As high as you can«, sagt Steven und fährt links ran.

Ich öffne die Beifahrertür und sprinte los. Die Operation läuft reibungslos. Nur noch sechs Plakate. Dann sind wir durch. Fast schon schade, dass uns niemand jagt. Ich klettere auf die Mülltonne neben der Ampel und beginne mit der Montage. Steven drückt auf die Hupe und jubelt mir zu. Ich schiebe das Plakat so hoch ich kann und drehe es in Richtung Straße. Die Sonne bringt das Gold zum Strahlen.

»Fuck!«

Ich höre plötzlich Stevens Stimme. Er schreit: »Fuck! The police!«

Ehe ich begreife, was geschieht, gibt Steven Gas und kommt quietschend neben mir zum Stehen. Die Beifahrertür fliegt auf. Er ruft: »Let's get out of here!«

Ich springe rein und Steven fährt los. Er macht einen U-turn mitten auf der Straße. Dann rasen wir stadtauswärts, unter einer Brücke durch und an der nächsten Kreuzung links ab. Steven blickt immer wieder in den Rückspiegel. Schließlich fährt er seinen Volvo auf den Parkstreifen und sieht mich an: »Follow me!«

Er schnappt sich die restlichen Plakate und springt aus dem Auto. Ich renne hinterher, die Straße runter. Dann taucht ein Bauzaun auf. Steven schiebt ihn zur Seite und wir sprinten durch die Toreinfahrt eines heruntergekommenen Gebäudes. Der Innenhof ist voll mit Müll: Bierflaschen, Kippenstummel, zwei siffige Matratzen und eine nackte Babypuppe. Wir laufen hinter einen

Berg von alten Holzpaletten und verstecken uns. Dann halten wir den Atem an und warten. Auf eine Holzwand hinter mir ist ein rotes Herz gesprüht. Darunter steht in schwarzen Lettern: »Love kills«.

Nach ein paar Minuten Stille schleicht Steven sich geduckt zum Eingang und beobachtet die Straße. Er sieht mich an und lächelt.

»It's over.«

Wir gehen zurück zum Wagen und Steven fährt mich zu meinem Roller.

Um kurz nach fünf stehen wir wieder vor dem Einkaufszentrum. Steven gibt mir meinen Anteil. 30 englische Pfund.

»Thanks for being my accomplice!«, sagt er zum Abschied.

Jetzt beläuft sich mein Guthaben auf 87 Pfund und 70 Pence. Was für ein Tag! Was für eine Ausbeute! Ich gehe zu dem Jungen mit den Gasballons. In seiner bunten Wolke befindet sich ein braunes Pferd. Es läuft Galopp und wiehert dabei.

»How much is the running horse?«, frage ich ihn.

Er blickt nach oben und sagt mit zarter Stimme: »The little horse is three pound 50.«

Ich willige ein. Er greift in seine Wolke und zieht das Pferd heraus. Dann überreicht er mir die Schnur. Ich überreiche ihm zehn Pfund. Er greift in seine Tasche, um zu wechseln.

»It's alright«, sage ich. »I had a great day here in Birmingham!«

Auf dem Weg zu meinem Roller drehe ich mich noch einmal um. Der Junge sieht mir nach und lächelt. Ich binde mein fliegendes Pferd an Romeos Lenker und fahre zum Hotel. Der Herr des Hauses übergibt mir mein Gepäck und sagt: »Go straight to Wales and take the ferry from Holyhead. That's the best way to get to Dublin.«

Er gibt mir seine Wegbeschreibung und wünscht mir eine gute Fahrt. Er malt eine goldene Krone über Romeos Nummernschild. Ich danke ihm für meine Nacht im Bett der Königin. Wir geben uns die Hand. Dann fahre ich auf die Autobahn. Die Sonne ist verschwunden und der Himmel voller Wolken.

Bis nach Holyhead an der Westküste von Wales sind es über 300 Kilometer. Um 23 Uhr soll die nächste Fähre nach Dublin in See stechen. Die will ich kriegen. Wenn ich keine langen Pausen mache und nicht in einem Stau verende, ist das zu schaffen. Ich drehe Romeos Gashebel bis zum Anschlag und blicke in den Rückspiegel. Birmingham ist verschwunden. Mein braunes Rennpferd galoppiert wiehernd durch die Lüfte.

Es ist kurz nach acht. Ich stehe an einer Tankstelle zwischen Liverpool und Manchester. Es hat angefangen zu regnen. Ich ziehe meine Regenkombi an und fahre weiter.

Dann ist es 22 Uhr. Es schüttet in Strömen. Trotz Regenkombi bin ich nass bis auf die Haut. Meine Handschuhe fühlen sich an wie Schwämme. Noch 40 Kilometer bis Holyhead. Die Autobahn ist leer. Aber der Wind weht so stark, dass ich schräg dagegen anfahren muss. Ich singe Beatles-Lieder, um bei Laune zu bleiben.

Um 22:50 Uhr erreiche ich die Fährstation. Völlig durchnässt. Klamotten, Rucksack, Gitarre. Einfach alles. Ich spüre Pfützen in meinen Stiefeln. Mein fliegendes Pferd ist davongeflogen. Enttäuscht muss ich feststellen, dass die letzte Fähre nach Dublin bereits um 22 Uhr in See gestochen ist.

Mir bleibt nichts anderes übrig, als mich auf eine Bank im Warteraum des Hafens zu setzen und zu warten. Nass, wie ich bin. Die nächste Fähre geht erst morgen um 15 Uhr. Ich lege meinen Kopf auf meinen Rucksack und schnalle mir die Gitarrentasche auf den Bauch. Im grellen Neonlicht des Warteraums dämmere ich in einen feuchten Schlaf.

Tag 9

Der Morgen des 13. August 2005 ist grau und beschissen. Es regnet immer noch. Die Nacht war ein Albtraum. Eine defekte Neonröhre an der Decke des Warteraums hat die ganze Nacht gesummt. Jetzt brummt mir der Schädel. Mein Nacken ist steif. Außerdem tut mir der Arsch weh. Vom Rollerfahren. Das Leben ist schon eigenartig. In der einen Nacht residierst du wie ein König, in der nächsten bist du ein obdachloser Penner.

Es ist kurz nach neun. Ich gehe auf die Toilette und werfe einen Blick in den Spiegel. Mein Gesicht ist völlig zerknautscht. Im linken Auge leuchtet eine rote Ader. Ich sehe aus, als hätte mir jemand die Fresse poliert. Auch mein Parfum ist gewöhnungsbedürftig. Eine Mischung aus Schweiß und Abgas.

Ich putze mir die Zähne. Dann halte ich meinen Kopf unter den Wasserhahn, um heiß zu duschen. Im Anschluss verbringe ich eine gute halbe Stunde vor dem Lufttrockner. Mit Erfolg. Mein T-Shirt und mein Halstuch sind wieder halbwegs tragbar.

Dann wird gefrühstückt. An einem Automaten voller Snacks erstehe ich einen kleinen Marmorkuchen mit Schokostreuseln, dazu einen Kaffee ohne Milch.

Der schmeckt wässrig, ist aber heiß. Ich hole mir direkt noch einen zweiten.

Es ist 10:30 Uhr. Ich gehe zum Schalter und kaufe mein Ticket nach Dublin. Es kostet 55 Pfund. In dreieinhalb Stunden erreicht die Fähre Holyhead. Dann kann ich Romeo an Bord fahren. Ich setze mich auf eine gelbe Plastikbank und starre durch die Fensterfront. Der Himmel ist noch immer grau. Mittlerweile hat sich der Warteraum gefüllt. Um 11 Uhr legt die nächste Fähre ab. Zwei Soldaten mit schusssicheren Westen laufen durch das Hafenterminal. Sie tragen Maschinenpistolen.

Ich packe meine Sachen und gehe nach draußen. Es stürmt, aber der Regen hat aufgehört. Ich gehe zum Leuchtturm von Holyhead und lehne mich an seine Mauer aus Beton. Mein Blick wandert aufs Meer. Irgendwo hinter dem grauen Horizont liegt Dublin. Seit neun Tagen bin ich jetzt unterwegs. Und heute Abend werden Romeos Reifen erstmals irischen Boden berühren. Dann wird das Ziel meiner Rollerreise Wirklichkeit. Nach all den Städten, Menschen und Berufen, die mir auf meinem Weg begegnet sind, durchdringt mich ein Gefühl von Glück.

Ich hätte auch den Flieger nehmen können. Von Düsseldorf Weeze bis nach Dublin. In gut zwei Stunden hätte ich mein Ziel erreicht. Das wäre sicherlich bequem gewesen. Aber dann verleiht dir eine Frau das dringende Bedürfnis, etwas Besonderes zu tun. Du lässt dein Geld zu Hause und lieferst dich dem Leben aus. Deine Reise hat ein Ziel, aber keinen Plan. Kaum löst du ein Problem, stehst du schon vor einem neuen. Aber du gibst nicht auf und kämpfst. Gibst jeden Tag dein Bestes. Für den Fortgang deiner Reise. Und dann wirst du belohnt. Mit Menschen, die dich unterstützen. Gesprächen, die dich inspirieren. Und einem Gefühl von tiefer Dankbarkeit. Dafür, dass es immer weitergeht. Als würde das Leben dein Vertrauen, das du ihm schenkst, belohnen.

Sinnend sitze ich am Fuße des Leuchtturms und blicke ins Meer. Über mir lachen die Möwen. Ich nehme meinen Edding und male ein goldenes Herz an den Sockel des Leuchtturms. Darunter schreibe ich: »We were here! Romeo, Huck and Jonas, 13.8.2005.«

Um 14:15 Uhr ist es endlich so weit. Im Hafen von Holyhead liegt eine Irish-Ferries-Fähre vor Anker. Auf ihrem qualmenden Schornstein prangt ein gigantisches grünes Kleeblatt. Ich schenke dem Festland einen letzten Gruß und fahre an Bord.

Ihr Name ist Catherine. Sie ist Engländerin und hat Sommersprossen im Gesicht. Wir stehen an Deck unserer Fähre nach Dublin. Es nieselt. Ein leichter Wind weht. Ich blicke aufs graue Meer hinaus und lasse Huck in meiner rechten Hand in Richtung Westen blicken. Catherine ist gerade achtzehn geworden und steht mit ihrem neunjährigen Bruder Tim ebenfalls an der Reling. Sie hat meinen Schlumpf entdeckt und lächelt mich an.

»What's his name?«

»His name is Huck.«

»Like Huckleberry Finn and Tom Sawyer?«

»Yes«, antworte ich.

»Tom is in India at the moment.«

»You are an adventurer on the way to Dublin?«

Sie grinst mich an.

»Well …«

»That's not a bad story to impress a girl from Brighton.«

Catherine nimmt ihren Bruder in den Arm und sagt: »You like playing with Smurfs too, don't you, Timmy?«

Catherine und ihr Bruder sind zusammen mit ihrem Vater Maurice auf dem Weg in die Sommerferien nach Irland. Sie werden die nächsten drei Wochen in einer Ferienwohnung am Rande von Dublin verbringen. Als ich Catherine einen kurzen Abriss meiner Reisegeschichte gebe, funkeln ihre Augen.

»Wow!«, sagt sie. »You are an adventurer!«

Ich fühle mich geschmeichelt.

»But …«, fährt sie fort. »Why the hell are you doing this?«

Sie lacht mich an.

»Are you crazy? Are you stupid? Or did you fall in love with somebody?«

Ihre direkte Art verunsichert mich.

»Well …«, setze ich zu einer Erklärung an. »Actually …«

Ich zögere.

»I …«

Catherine hat schöne Augen. Ich bemerke, dass ich sie gerne ansehe.

»To sum it up: I just wanted to defeat my fears.«

Das ist nicht ganz die Wahrheit. Aber irgendetwas in mir weigert sich, ihr von Magdalena zu erzählen. Außerdem klingt meine Antwort gar nicht schlecht.

Catherine nimmt Huck in ihre Hand und sagt zu ihm: »Brave little Smurf! You've done a good job protecting Jonas against all those evil spirits out there.«

Mein Herz macht bum. Sie hat Humor, das find ich cool. Aber das ist nicht der Plan. Schließlich ist meine Mission noch nicht erfüllt, mein Ziel noch nicht erreicht, ein Buch noch nicht gefunden. Und so weiter und so weiter …

Catherine möchte mich ihrem Vater vorstellen. Der sitzt im Restaurant der Fähre und wartet bereits vor einer Familienportion Pommes frites.

»Dad. I'd like to introduce you to my new friends!«

Sie zieht einen Sitzhocker neben sich und bittet mich Platz zu nehmen.

»This is Jonas from Bochum and his friend Huckleberry!«

Ich gebe Maurice die Hand und stelle Huck neben die Schüssel mit den Pommes. Catherines Vater schenkt mir ein knappes Nicken. Er blickt zu Huck, zurück zu mir und dann zu seiner Tochter.

»Interesting«, sagt er trocken.

Daraufhin reicht er seiner Tochter und seinem Sohn ein kleines Gäbelchen aus Plastik.

»Eat now.«

Wie sich herausstellt, wohnen Catherine und ihr Bruder bei ihrer Mutter. Die lebt in Brighton. Der Vater lebt in London. Die einzige Zeit im Jahr, die sie gemeinsam verbringen, sind die Sommerferien. Entsprechend wenig euphorisch reagiert Maurice auf mein unerwartetes Erscheinen.

»Where will you stay in Dublin?«, fragt er mich.

Dabei schenkt er seiner Tochter einen aufmerksamen Seitenblick.

»I've got no idea«, antworte ich wahrheitsgemäß.

»Somebody told me to go to Dame Street and to ask for Rose. She might give me some work.«

Catherines Vater zieht die Augenbrauen hoch. In seinem Blick liegt Skepsis.

»Have a safe trip and good luck«, sagt er und wendet sich an seine Kinder.

»Catherine, Tim. Go and get your stuff ready. We'll reach Dublin in half an hour.«

»Aye, captain!«, sagt Catherine und überreicht mir ihre Pommesgabel. »Finish them. You might need it.«

Hungrig stopfe ich die übrig gebliebenen Pommes mit Mayo in mich hinein. Während ich esse, schnappt sich Catherine meine kleine Gitarre und probiert sich aus.

»Do you know how to play *Knockin' on Heaven's Door?*«

Ich muss grinsen.

Mit vollem Mund murmle ich: »I could teach you.«

Wie es der Zufall will, befindet sich der VW Kombi von Catherines Vater auf demselben Autodeck wie Romeo.

Als wir gemeinsam zu unseren Fahrzeugen gehen und ich das Helmfach meines Rollers öffne, entdeckt Catherine darin meinen zweiten Helm.

Sie strahlt mich an und sagt: »Would you give me a little ride?«

Ehe ich begreife, was geschieht, sehe ich Catherine vor ihrem Vater stehen. Ich höre ein lang gezogenes: »Pleaaaaaaase!«

Das Gesicht ihres Vaters wird kreidebleich. Sie umarmt ihn und rennt zurück zu Romeo und mir, schnappt sich mein Gepäck und wuchtet es zurück zu ihrem Vater. Der verstaut es widerwillig auf der Rückbank neben Tim. Dann sprintet Catherine erneut zurück zu mir, schnallt sich meine Gitarre auf den Rücken und schnappt sich ihren Helm.

»Gimme five!«, ruft sie vergnügt und hält mir ihre Hand entgegen.

Wir schlagen ein. Es klatscht. Und zack, sitzt sie hinter mir auf Romeo. Sie lacht vor Freude.

»Just follow my father. He knows the way!«

Es ist 17:30 Uhr am 13. August 2005. Es ist der Tag meiner lang ersehnten Ankunft. Das Ziel meiner Reise wird greifbar. Spürbar. Ich höre die Schreie der Möwen im Hafen von Dublin. Der Traum wird Wirklichkeit. Ich habe es geschafft! Ganz ohne finanzielle Sicherheit. Ganz aus eigener Kraft. Und das alles deinetwegen, Magdalena. Du hast mich hierhergeführt. Hast mir den nötigen Glauben und Tatendrang verliehen. Hast mich über mich hinauswachsen lassen. Jetzt bin ich am

Ziel. Jetzt schnapp ich mir meinen Pokal! *Romeo und Julia* von William Shakespeare. In einer antiquarischen Originalausgabe. Und dann zurück nach Bochum und zu dir!

Ich spüre Catherines Hände. Sie umarmt mich sanft und hält sich fest. Vor uns fährt ihr Vater langsam von der Fähre. Tim sitzt auf der Rückbank und schneidet uns Grimassen. Ich kann die Augen von Maurice in seinem Rückspiegel sehen. Sie sind hellwach und beobachten jeden meiner Handgriffe. Im Schritttempo holpern wir dem irischen Festland entgegen.

Es ist ein wenig eigenartig. Wegen einer Frau aus Bochum bin ich aufgebrochen. Jetzt bin ich da. Aber nicht allein. Eine Frau aus Brighton sitzt auf meinem Roller und teilt mit mir die Schönheit dieses Augenblicks. Während ich die Hupe zur Feier meiner Ankunft drücke, drückt Catherine sich an meinen Rücken.

»Thanks for that!«, sagt sie und grinst mich an aus ihrem Helm.

Dann winkt sie ihrem Vater zu und ruft: »Let's go!«

Ihr Vater setzt den Blinker und beschleunigt Richtung Hafenausfahrt. Ich gebe Gas und hefte mich an seine Fersen.

Gegen 18:45 Uhr halten wir vor einem kleinen Bungalow im Südwesten der irischen Hauptstadt. Wir haben Dublin nur gestreift. Ein kurzer Blick ins Innere des Stadtzentrums. Nur eine Ahnung davon, worum sich seit meinem Aufbruch vor neun Tagen all meine Gedanken drehen.

Auf meinem Tachometer steht: 16 597,32 km. Dementsprechend beläuft sich meine bisher zurückgelegte Strecke auf 1123,92 Kilometer. Ohne Seemeilen, versteht sich. Nun bleibt mir nicht viel Zeit. Um meine Wette zu gewinnen und rechtzeitig in Bochum zu erscheinen, bleiben mir acht volle Tage. Dann sind 17 Tage rum und meine Proben am Bielefelder Stadttheater beginnen. Mein erstes Theaterengagement außerhalb der Schauspielschule.

Die Einfahrt zu Catherines Bungalow ist übersät mit bunten Blumenkübeln. Es duftet in der Abenddämmerung. Catherines Vater hat damit begonnen, das Gepäck ins Haus zu tragen. Es ist Zeit, sich zu verabschieden. Ich gebe Tim die Hand und helfe Maurice bei einem besonders schweren Koffer. Dann reiche ich ihm die Hand und sage: »Have a nice holiday with your great kids, Sir.«

»Thank you, Jonas«, sagt Maurice. »And thanks for giving Catherine such a safe ride on your bike.«

Dabei schenkt er mir zum ersten Mal ein kleines Lächeln. Ich schultere meinen Rucksack und wende mich an Catherine.

»It was good to meet you«, sage ich. »Thanks for the chips and …«

»Where will you sleep tonight?«, unterbricht mich Catherine und sieht dabei ihren Vater an.

»I don't know. But …«

»You wanna defeat your fears again tonight?«

»Well …«, ich weiß nicht, was ich sagen soll.

Catherine fängt an zu lachen und legt den rechten Arm um ihren Vater.

»Daddy, don't you think we should offer him a safe place for the night? He's an adventurer far away from home.«

Ihrem Vater entfährt ein Seufzer.

»It's up to you, Cathy. You've got your own room. You are free to invite whoever you want to.«

Catherine macht einen Luftsprung und boxt mir in die Seite.

»Don't be afraid, little stranger. Just come in and have a rest.«

»But Catherine«, meldet sich ihr Vater noch einmal zu Wort. »No music after midnight.«

Es ist 21:30 Uhr. Meine erste Nacht in Irland. Cathy und ich sitzen in einem Irish Pub und trinken Guinness, auf meine Kosten, versteht sich. Maurice hat mir meine verbliebenen 11 Pfund und 23 Pence aus England in Euro gewechselt, zu einem durchaus großzügigen Wechselkurs. Jetzt lade ich damit seine Tochter ein.

Die Stimmung ist großartig. Cathy und ich sprechen über vergangene Zeiten und lachen uns um Kopf und Kragen. Unsere irischen Tischnachbarn sind ebenfalls bester Stimmung. Die Menschen hier sind offenherzig und gesellig. Kaum hatten wir den Pub betreten, wurden wir auch schon an einen Tisch eingeladen und in Gespräche verwickelt.

Immer wieder treffen sich unsere Blicke. Mein Herzklopfen nimmt in Anwesenheit meiner neuen britischen Wohltäterin deutlich zu. Der Fluss des dunklen irischen Bieres mag daran nicht ganz unschuldig sein. Jedenfalls wächst mein Wunsch, dass diese Nacht so schnell kein Ende finden möge.

Als wir gegen 23 Uhr vor ihrem Bungalow stehen, funkeln über uns die Sterne.

Sie nimmt meine Hand und sagt: »You wanna marry me?«

Ihre Stimme klingt ernst. Sie sieht mir direkt in die Augen. Ich bin sprachlos. Meint die das jetzt ernst? Ich kann nicht leugnen, dass ich im Begriff bin, sie immer mehr zu mögen. Aber das geht jetzt doch ein bisschen schnell.

»Cathy …«, ich suche nach der richtigen Antwort. »You're still young …«

Catherine kriegt einen Lachflash.

»Don't worry!«, ruft sie. »I could never marry you.«

Sie lässt meine Hand los.

»I don't like Smurfs.«

Dann zieht sie mich in ihren Bungalow.

Es ist kurz vor Mitternacht. Cathy und ich sitzen uns in ihrem Zimmer gegenüber. Sie auf ihrem Bett, ich auf meinem. Auf ihrem Nachttisch brennt eine Kerze. Meine kleine Gitarre wandert zwischen uns hin und her. Wir üben *Knockin' on Heaven's Door*.

Plötzlich piepst ihre Armbanduhr. Mitternacht. Sie legt die Gitarre zur Seite und pustet die Kerze aus. Das ist das Signal. Wir erheben uns, gehen aufeinander zu und küssen uns. Das Zimmer ist dunkel und still. Das Einzige, was ich höre, ist mein eigener Herzschlag.

Tag 10

Cathy und ich haben die halbe Nacht geknutscht. Dann sind wir Arm in Arm eingeschlafen. Jetzt bricht der Morgen meines zehnten Reisetages an und ich erwache. Verkatert und verliebt.

Was ne Scheiße! Ich fühle mich hundsmiserabel. Da erreiche ich endlich mein Ziel und muss feststellen, dass der Grund meiner Reise offensichtlich völlig illusorisch war. Für Magdalena bin ich bis nach Dublin gefahren. Ihr gehörte bis vor wenigen Stunden noch mein Herz. Und jetzt glüht es für ein Mädchen aus Brighton, das gerade zuckersüß in meinen Armen liegt und gähnt.

Wie soll ich das verstehen? Was will mir der Gott der Liebe damit sagen? Ich empfinde Schuld. Hab ich meine Reise und ihre hehren Ziele jetzt verraten? Natürlich ist es schön, in einem Bett zu schlafen und Lebenszeit mit einer Frau zu teilen. Doch die Konsequenz ist bitter: Ich fühle augenblicklich nicht mehr den geringsten Drang, aus diesem Bette aufzustehen. Wozu auch? Um mir einen Job zu suchen, um dann ein Buch für eine Frau zu kaufen und dann, so schnell ich kann, Europa zu durchqueren, um dann an ihrer Tür zu klingeln, um ihr mit jenem Buche meine Liebe zu beweisen. Wozu? Ich kenne diese Frau doch kaum. Zudem kann mir niemand garantieren, dass sie mir in irgendeiner Weise zugetan ist, oder?

Zweifelgeplagt entziehe ich Catherine meinen linken Arm und schleppe mich ins Bad. Erst mal kaltes Wasser ins Gesicht. Dann ein Blick in den Spiegel. Wer bist du? Wo bist du? Woher kommst du? Wohin willst du? Was willst du? Warum willst du das? Die berühmten W-Fragen! Existenzielle Grundlagen eines jeden Schauspielers. Die sollte ich mir beantworten können, wenn ich eine Szene einigermaßen glaubwürdig spielen will.

Ich betrachte mein Spiegelbild und suche nach Antworten. Ich bin Jonas. Derzeit lokalisiert im Badezimmer einer britischen Verführung. Ich komme aus Bochum. Ich will nach Bochum. Ich will Magdalena. Weil ich sie liebe!

Schlagartig bin ich wach. Wieder handlungsfähig. Gepriesen sei Dieter Braun, mein Grundlagenlehrer aus Bochum. Auf geht's!

Innerhalb von fünfzehn Minuten bin ich abfahrbereit. Die Zähne sind geputzt, die Gepäckstücke verstaut und meine Gitarre geschultert. Catherine steht im Pyjama vor mir und reibt sich den Schlaf aus den Augen.

»What happened?«, fragt sie gähnend. »Did I scare you last night?«

Sie schenkt mir ein letztes Lächeln. Wir umarmen uns.

»Best wishes to your father and your brother«, sage ich.

»Best wishes to Huckleberry«, sagt Catherine.

Ich drücke ihr meinen Edding in die Hand und sie geht zu Romeo.

Direkt unter seine große goldene 7 schreibt sie: »*May the wind be always at your back.*«

Dann gibt sie mir einen Kuss auf die Wange und sagt: »Take care, lucky number 7!«

Ein Gefühl von Traurigkeit durchströmt mich. Und von Leere. Aber auch der Wunsch nach Freiheit. Ich spüre, wie ein neuer Abenteuerdrang von mir Besitz ergreift. Auf nach Dublin. Auf zum Finale!

Nach Ablauf des heutigen Tages bleiben sieben Tage, um mein Rennen innerhalb der veranschlagten 17 Tage zu beenden. Vor jener Bochumer Haustür mit der Nummer 7. Auf einem Motorroller, der ebenfalls die Nummer 7 trägt.

Bisher war diese Zahl mit Glück verknüpft, hat mich bis ans Ziel geführt. Jetzt liegt die Hälfte der Strecke hinter mir. Jetzt muss ich nur noch zurück. Und das vor Sonnenaufgang des achtzehnten Tages. Schließlich trägt mein Helm die 17.

Wenn ich dieser Zahl tatsächlich gerecht werden möchte, sollte ich mich künftig von gut gelaunten Mädchen fernhalten und mir stattdessen einen gut bezahlten Job anlachen.

Mit jedem Meter, den Romeo und ich in Richtung Zentrum rollen, wächst meine Aufregung. Mit jedem Haus, jedem Baum und jedem Menschen, die vor uns aus dem Nichts auftauchen, wird das lang erträumte Ziel realer. Dublin. Ich war nie hier. Bisher war Irland nur die Grüne Insel in der Ferne, die Heimat von goldener Butter und Oscar Wilde. Jetzt bin ich ein Teil davon. Mittellos wie eh und je, doch wild entschlossen zu vollenden, was ich angefangen habe.

Neben meiner ersten roten Ampel leuchtet mir ein Schild entgegen: »BE PART OF IT«. Darunter: »Dublin Fringe Festival, 12 September – 2 October 2005«. Wow! Das berühmte Fringe Festival. Das Festival für ungewöhnliche Theaterkunst. In Dublin! Schade nur, dass ich am 12. September längst am Bielefelder Stadttheater bin.

Ich fahre weiter Richtung Osten und nähere mich der Innenstadt. Der Verkehr nimmt zu. Die Touristenströme wachsen an. Werbetafeln lachen. Die Häuser werden bunter. Vor mir kommt ein grüner Doppeldeckerbus zum Stehen. Das Verdeck ist offen. Ein Haufen Kameras fängt an zu blitzen. Zu meiner Rechten liegt ein imposanter Säulentempel. »City Hall – 1779« steht auf einem großen blauen Schild, über dem drei Tauben ihr Geschäft verrichten.

Ich stelle fest, dass viele Läden links und rechts von mir geschlossen sind. Geöffnet haben Souvenirläden und Cafés. Dann sticht mir ein Straßenschild ins Auge: »Dame Street«. Schlagartig bin ich zurück in London am Trafalgar Square. Vor mir sitzt John und sagt, dass ich zum Olympia Theatre in der Dame Street gehen soll.

»Ask for Rose. Tell her, John said hello.«

Die Trillerpfeife eines Touristenführers ruft mich zurück ins Hier und Jetzt. Ich gebe Gas und setze zum Überholmanöver an. Die Dame Street ist voller Menschen, die wie ich neu in dieser Stadt zu sein scheinen. Entsprechend mühsam geht es vorwärts. Im Schritttempo sucht mein Blick die Straßenseiten ab. Dann löst sich die Menschentraube auf, ich beschleunige und meine Augen heften sich an einen roten Schriftzug: »Olympia Theatre«.

Was ein Ding! Vielleicht war John ein Engel des Theaters und verhilft mir nun zu meinem ersten Engagement in Irland. Ich denke wieder an die 7. Und an mein bisheriges Glück. Womöglich ist da wirklich etwas dran. Können Zahlen einen Menschen leiten? Als Wegweiser des Schicksals? Vielleicht ist meine ganze Reise eine bloße Abfolge längst vorherbestimmter Schritte. Gar die Erfüllung einer alten Prophezeiung!? Und die 7 ist mein Schutzpatron. Mein Wegweiser und Begleiter. Ich muss lediglich die Augen offen halten und wach für meine Umwelt sein. Dann wird mein Weg sich Stück für Stück entdecken. Und am Ende ist mein Ziel erreicht.

Ich parke Romeo auf dem Bürgersteig und begebe mich zum Haupteingang. Der ist allerdings verschlossen. Hinter der Glastür hängt ein Schild: »Closed«. Ich gehe um die Ecke. In einer Seitengasse entdecke ich den Bühneneingang. Entschieden drücke ich den Klingelknopf. Nichts passiert. Niemand öffnet. Ich drücke noch mal auf den Knopf.

»What do you want?«, ruft eine Männerstimme aus dem Inneren.

»I wanna talk to Rose«, rufe ich zurück.

Ein Schlüssel wird im Schloss gedreht. Dann öffnet

sich die Tür und ein Mann zeigt sein Gesicht. Es ist vernarbt und rot.

»Rose?«, fragt er.

Sein Blick ist voller Misstrauen.

»Who's that supposed to be?«

»I don't know«, sage ich. »John told me to ask for her.«

»John?«, fragt er. »Who's John?«

»I don't know«, sage ich. »He told me I would find some work here.«

Der Mann schenkt mir einen abschätzigen Blick.

»Work? There's no work!«

Er schlägt mir die Tür vor der Nase zu. Nun ja. Ein Schauspieler muss auch mit Absagen seinen Umgang finden. Das kann nicht schaden. Besonders dann nicht, wenn die Magie der Zahlen um sich greift und man Gefahr läuft, die Bodenhaftung zu verlieren. Vielleicht hat ja Stella einen Rat für mich, jene Schauspielerin aus Bochum, die vor vielen Jahren ausgewandert ist. Frau Kästner, meine Akrobatiklehrerin, gab mir zum Abschied ihre Mailadresse.

Ich fahre weiter. Ein gläserner Palast türmt sich zu meiner linken Seite auf. Die Central Bank von Dublin. Ich brauche Geld. Vielleicht hat Stella einen Job für mich, oder zumindest einen Schlafplatz. Auch wenn ich sie nicht kenne, Bochum verbindet.

An der nächsten Kreuzung biege ich links ab und halte an. Ein Internetcafé liegt an der Ecke. Ich ziehe Romeos Kette durch sein Hinterrad und trete ein. Der

Innenraum ist eng und düster. Hinter dem Tresen steht eine junge Chinesin. Sie sieht müde aus.

»I would like to write one e-mail. How much is that?«

»Thirty minutes for one euro«, antwortet sie mechanisch.

Ich hole mein restliches Kleingeld hervor und fange an zu zählen.

»I'm sorry. I just have 45 cents. But I only need five minutes.«

Die Chinesin gähnt und betrachtet mein Kleingeld.

»Number 8«, sagt sie und deutet mit ihrer Hand in den hinteren Teil des Internetcafés.

Ich durchquere den Laden und nehme Platz. An meinem Nebentisch sitzt ein blasser junger Typ. Er trägt ein rotes Stirnband und einen langen schwarzen Mantel. Versunken starrt er auf den Bildschirm vor sich. Ich mache mich ans Werk. In wenigen Sätzen erkläre ich Stella, wer ich bin, woher ich komme und was uns verbindet. Dann frage ich sie, ob sie Lust hat, mich kennenzulernen. Mehr kann ich vorerst nicht tun. Schließlich gehe ich zurück zum Eingang und lege meine 45 Cent auf den Tresen. Die junge Chinesin nimmt das Kleingeld in die Hand, zählt 20 Cent ab und gibt mir 25 Cent zurück.

»You may need that for another e-mail tomorrow«, sagt sie und sortiert das Geld in ihre Kasse ein.

»You could be right«, sage ich und gehe zur Tür.

Im Türrahmen vor mir steht der blasse Typ von eben. Er streckt mir seine linke Hand entgegen und sagt: »This is for you.«

»What?«

Ich weiß nicht, was er meint.

»Money«, sagt er und öffnet seine Hand. Ein Haufen Centstücke kommt zum Vorschein.

»Why do you give me money?«, frage ich.

»Coz you need it«, sagt er.

Dabei verzieht sein Gesicht keine einzige Miene.

»Thank you!«, sage ich. »What's your name?«

»Sean«, sagt er.

»And what do you do, Sean?«, frage ich.

»I'm bored«, sagt er. »I'm just bored.«

Sean ist neunzehn und gebürtiger Dubliner. Derzeit befindet er sich in einer berufsvorbereitenden Maßnahme. Halbtags. Die andere Hälfte des Tages und an den Wochenenden sitzt Sean im Internetcafé und spielt Computer. Sein leichtes Lispeln und seine emotionslose Art zu sprechen bringen mich zum Lachen. Er erinnert mich an Rüdiger von Schlotterstein, den kleinen Vampir.

»Do you like books, Sean?«, frage ich.

»If they don't bore me«, antwortet Sean.

»You know a place where I can find old books?«

»Sure«, antwortet Sean. »I can show you.«

Die freundliche Internetchinesin gestattet mir, mein Gepäck hinter ihrem Tresen zu verwahren. Also machen Sean und ich uns auf den Weg. Unser Fußmarsch führt uns Richtung Osten bis zur Bank of Ireland, einem weiteren imposanten Bau mit Säulen. Dann gehen wir nördlich bis zu einem Fluss, dem Liffey River.

Vor uns liegt eine große Brücke, die O'Connell Bridge aus dem 19. Jahrhundert. Eine irische Flagge zappelt im Wind. Am Himmel wandern Wolkenberge. Es riecht nach Weite. Während ich mit großen Augen alles in mich einsauge, schreitet Sean gleichgültig vorneweg. Schweigend hält er Kurs gen Norden. Hin und wieder fährt ein Windstoß unter seinen schwarzen Mantel und lässt ihn flattern. Ich denke an Nicolas Cage in *Stadt der Engel*. Da tragen die Engel lange schwarze Mäntel und genießen zusammen jeden Morgen den Sonnenaufgang.

Kaum haben wir die Brücke überquert, liegt vor uns die O'Connell Street, ein breiter Boulevard, gesäumt von mächtigen Laternen und akkurat gepflegten Bäumen. Voller Tatendrang renne ich los und schlage ein Rad. Anschließend mach ich einen Handstand und laufe auf den Händen, bis ich das Gleichgewicht verliere und umfalle. Sean steht neben mir und sieht mich an.

»What happened?«, fragt er tonlos. »Are you o.k.?«

»Yes! I'm just happy to be here!«, antworte ich. »And you? How are you?«

»I'm bored«, sagt Sean und geht weiter.

Wir biegen gemeinsam um die nächste Ecke und landen in der Middle Abbey Street. Sean führt mich zu einem Laden mit dem Namen »Chapters«.

»Here we are«, sagt er. »Good luck with the books.«

Dann hebt er die Hand zum Gruß, dreht sich um und ist verschwunden.

Das »Chapters« handelt mit gebrauchten Dingen: Büchern, Videos, Computerspielen. Man kann hier kaufen, verkaufen oder tauschen. Hinter der Kasse steht eine Frau mit langen schwarzen Haaren. Ihr Name ist Danielle. Meine Suche nach einer antiquarischen Originalausgabe von *Romeo und Julia* stößt auf ihr Interesse.

»We don't have one«, sagt sie. »But I could make some calls for you.«

Sie bietet mir an, die ihr bekannten Antiquariate Dublins anzurufen und entsprechende Erkundigungen einzuholen.

»Thank you«, sage ich. »But it shouldn't cost too much. I'm out of money at the moment.«

»We'll see«, sagt sie und nimmt den Hörer in die Hand.

Während Danielle telefoniert, stöbere ich durch den Laden. Auf einem Wühltisch steht ein Pappkarton. Darin sind Bücher, Kassetten und CDs. John Rambo blickt mir heldenhaft entgegen, vom Cover einer zugestaubten VHS-Kassette. Die liegt neben *Forrest Gump*. Darunter befindet sich ein Fotoband, Playmates aus den Fünfzigern. Und schließlich liegt da noch ein Buch in Grau, unscheinbar und alt.

Was mag das sein? Ich schiebe die Playmates zur Seite und nehme es in die Hand.

»William Shakespeare – *Romeo and Juliet*«.

Tatsächlich! Das Buch der Bücher. Ich habe es gefunden. In einem Pappkarton in Dublin. Und es gefällt mir, es ist alt und schlicht, abgegriffen und bescheiden. Und doch von tief beseelter Schönheit. Mein Siegespokal, ich halte ihn in Händen!

Zielstrebig eile ich zur Kasse.

»I'm very sorry«, sagt Danielle. »No *Romeo and Juliet* in all of Dublin.«

»No problem!«, sage ich und strecke ihr mein Buch entgegen.

»Oh!«, ruft sie und lacht. »You are a lucky guy. We just got that box today!«

»How much is it?«, frage ich.

»Well ...«

Danielle wirft einen Blick auf meinen Schatz.

»1,50 – Are you o.k. with that?«

Das ist alles!? 1,50 Euro. Das ist der Preis für dieses Buch? Für jenen Inbegriff der Liebe? Andererseits: Kein Geld der Welt kann Liebeswert ermessen.

»I'll take it!«, sage ich und drücke einen Kuss aufs Cover. »But can you keep it for a while?«

»Sure«, sagt Danielle und legt es unter ihren Tresen. »How long?«

»It depends«, antworte ich und renne aus dem Laden. »I'll be back!«

Ich sitze auf der gegenüberliegenden Straßenseite und singe mir die Seele aus dem Leib. *Knockin' on Heaven's Door*. Was auch sonst. Aber diesmal lege ich meine ganze Liebe in den Song. Meine gesamte Leidenschaft. Dabei schenke ich jedem vorübergehenden Passanten ein herzerfülltes Lächeln. Ein alter Mann bleibt schließlich stehen, kramt in seinem Portemonnaie, wirft mir ein Zweieurostück in meine Gitarrentasche und sagt: »Please! Stop that.«

Dann geht er weiter.

»Thank you, Sir!«, rufe ich ihm hinterher.

Kurz darauf stehe ich wieder vor Danielle und überreiche ihr das Zweieurostück.

»Thanks for keeping my treasure!«, sage ich.

»You're welcome«, sagt sie und überreicht mir mein Buch.

Damit ist es offiziell. Am 14. August 2005 um 17:14 Uhr erstehe ich für 1,50 Euro den materiellen Teil meiner Wette, in Form einer nicht mehr ganz neuen englischsprachigen Originalausgabe von *Romeo und Julia*. Ich sehe mich zudem in der Lage, 50 Cent Trinkgeld zu geben.

Daraufhin schreibt mir Danielle in mein Tagebuch:

The greatest thing you'll ever learn
is just to love and be loved in return.

Außerdem erzählt sie mir von einem Strand im Norden Dublins, wo man im Schutz der Klippen übernachten kann. Howth Beach.

So neigt sich mein erster Tag in Dublin gemächlich seinem Ende. Ich bin zufrieden. Heute Abend werde ich die Stadt verlassen und außerhalb am Meer die Nacht verbringen. Vielleicht mit Sternenlicht und einem Lagerfeuer. Ich fühle Freiheit, bin glücklich und habe das Gefühl, zur rechten Zeit am rechten Ort zu sein. Zwar verspüre ich einen leichten Hunger, aber selbst der ist gerade schön.

Intuitiv kehre ich dem »Chapters« meinen Rücken zu und wandere gen Westen bis zu einer neuen Brücke, der Millennium Bridge. Die überquere ich und betrete dann ein Viertel namens Temple Bar. Hier sind überall kleine Bars und Kneipen. Die Straßen sind gepflastert. An einem Eckhaus mit der Nummer 17 stehen zwei junge Frauen mit Gitarre. Über ihren Köpfen hängt ein Schild: »Borderline Records«.

Die eine ist klein und hat schwarze Haare, die andere ist groß und hat rote Haare. Beide tragen zerrissene Jeans und singen. Gebannt setze ich mich auf den Bordstein und höre zu. Schon nach dem ersten Lied bin ich ein Fan. Die beiden singen mit einer Kraft und Schönheit, die mich umhaut. Irgendwann schaut die kleine Sängerin zu mir rüber. Sie lächelt mich an. Ich lächle zurück und gehe weiter.

An der nächsten Ecke steht ein großer Mann mit Locken und spielt Lieder von den Beatles, mit einer Inbrunst, die mir Gänsehaut bereitet. Und so geht es nahtlos weiter. Die Stadt ist vollgestopft mit hochbegabten Musikern. An jeder Ecke steht ein Mensch und schmettert seine Lieder. Und wie mir scheint, wird diese Kunst hier durchaus wertgeschätzt. Immer wieder fliegen Münzen durch die Luft und landen in diversen Mützen, Hüten, Taschen und Koffern. Selbst mir hat man ja bereits nach kurzer Zeit den benötigten Tribut gezollt …

So schlendere ich weiter und lande schließlich wieder auf der Dame Street. Mittlerweile habe ich auch begriffen, warum heute nicht alle Läden offen haben. Es ist Sonntag. Das hatte ich nicht auf der Rechnung. Um einen Job zu finden, gibt es günstigere Tage. Umso geeigneter scheint es mir, meine Zeit voll und ganz einem ausgedehnten Stadtspaziergang zu widmen. So kann ich morgen voller Tatkraft in die Woche starten und in eine Stadt, die mir vertraut ist.

Gegen 18:30 Uhr lande ich in einer breiten Fußgängerzone, der Grafton Street. Auch hier finden sich Musiker. Aber auch ein Clown, der Luftballons für Kinder knotet. Etwas weiter dann ein Mann, der keine Schuhe anhat. Neugierig trete ich näher.

Der Mann trägt einen Trenchcoat und offensichtlich weder Schuhe noch Hose. Er hat seine Arme über dem Bauch verschränkt und klammert sich an seinem Mantel fest. Ich betrachte sein Gesicht.

Er flirtet. Und zwar hemmungslos. Bei jeder vorbeilaufenden Frau gerät sein Gesicht in Wallung. Er spitzt die Lippen, zwinkert mit den Augen, lässt gelegentlich auch seine Zunge spielen. Unentwegt schickt er nonverbale Einladungen zum Liebesspiel an seine Umwelt. Die Passanten kichern. Auch Männer werden von ihm adressiert. Dabei spielen seine Hände mit dem Gürtel seines Trenchcoats.

Allem Anschein nach ist er gewillt, sich gänzlich zu entkleiden und sich völlig nackt zu präsentieren. Als schließlich eine alte Dame mit ihrem Hund vorübergeht, erreicht die Spannung ihren Höhepunkt. Der Mann zieht blank, reißt seinen Trenchcoat auf und zeigt der Welt, was er zu zeigen hat. Die alte Dame hält sich erschrocken ihre Hand vor ihr Gesicht.

»Jesus Christ!«, kommt dabei über ihre Lippen.

Dann fangen die Zuschauer an zu lachen. Der Mann ist gar nicht völlig nackt. Er trägt zumindest eine Unterhose. Darauf grinst ein großer gelber Smiley. Jetzt applaudiert das Publikum und eine nicht unbeachtliche Menge an Geldmünzen landet in der goldenen Dose vor ihm. Wenn also alles hart auf hart kommt, kann ich zumindest noch als Straßen-Stripper meine Rückfahrt finanzieren.

Am Ende der Grafton Street steht ein großes Tor aus Stein. Dahinter wachsen Bäume. Ich höre Vögel zwitschern. Es ist ein Park, der St. Stephen's Green. Ein Park aus dem 17. Jahrhundert. Am Ufer eines Teichs lasse ich mich nieder. Ich bin müde und schließe die Augen. Catherine erscheint vor meinem inneren Auge. Sie grinst mich an. Ich schlafe ein.

Als ich erwache, ist es kühl und düster. Die Nacht lässt nicht mehr lange auf sich warten. Jetzt heißt es, schnell zurück zum Internetcafé und dann zu meinem Strand im Norden. Ich strecke mich und stehe auf. Neben mir liegen zwei Männer auf dem Rasen und rauchen gemeinsam eine Zigarette. Sie sehen mich an. Ich nicke ihnen freundlich zu und gehe los.

»Mister!«

Einer der beiden Männer ruft mir hinterher. Sein Akzent klingt nach Osteuropa. Ich drehe mich um. Der Mann ist aufgestanden und steht jetzt vor mir.

»Mister. You lost something«, sagt er und streckt mir seinen Arm entgegen.

In seiner Hand liegt Huck. Mein Freund und Partner. Wie konnte das passieren!?

»Thank you!«, sage ich und gebe ihm die Hand. »You don't know how much this means to me!«

»No problem«, sagt der Mann. »Sometimes it's good to take care of each other.«

Mittlerweile ist auch der andere Mann zu uns gekommen. Die beiden heißen Olek und David. Zwei Freunde aus Polen. Vor drei Monaten sind sie in Dublin angekommen. Seitdem suchen sie Arbeit. Der St. Stephen's Green ist quasi ihr Zuhause. Sie schlafen hier. Jede Nacht an einer anderen Stelle. Sonst gibt es Ärger mit der Polizei.

»Where is your baggage?«, frage ich.

»We don't have«, sagt Olek.

»And your sleeping bag?«, frage ich. »Where is your sleeping bag?«

»When we find work, we will buy a sleeping bag«, antwortet Olek.

»Till then we hope the sun will shine for us.«

Die Begegnung stimmt mich nachdenklich. Im Grunde ist meine ganze Reise reiner Luxus. Liebesluxus. Ich hätte Geld und könnte. Die beiden Freunde aus Polen haben keins und können nicht. Jetzt sind wir in Dublin und suchen Arbeit. Sie aus einer existenziellen Not heraus. Ich aus purer Leidenschaft am Leben. Seltsam.

Als ich das Internetcafé erreiche, ist es Nacht. Vor der Tür stehen ein paar Leute und trinken Bier. Auf Romeos

Sitzbank sitzt ein junger Typ mit roten Locken und spielt Gitarre. Daneben steht ein schönes Mädchen und prostet ihm zu. Ich gehe rein.

»Good to see you«, sagt die Chinesin. »I've still got something of yours.«

Sie übergibt mir mein Gepäck. Ich bedanke mich für ihre Dienste und frage sie nach einer Wegbeschreibung zu dem Strand im Norden.

»What do you wanna do there?«, fragt sie mich.

»I just need a place to sleep tonight«, antworte ich.

Sie sieht mich ungläubig an.

»But it's dark and dangerous out there.«

»I'm an adventurer who loves places like that«, sage ich, bemüht um ein verwegenes Lächeln.

»Listen!«, sagt sie und ihre Stimme klingt überraschend ernst. »It's not funny to fall down from an Irish coast! Honestly. If you need a place to sleep tonight you can sleep in our basement. It's not comfortable, but it's safe.«

Ich entscheide mich, auf ihren Rat zu hören und nehme das Angebot an.

»Follow me«, sagt sie.

Daraufhin führt sie mich über eine enge Treppe in den Keller. Hier befinden sich vier Tische mit Computern. Einer ist defekt. An den übrigen sitzen Männer und starren auf ihre Bildschirme.

»Feel free to use the ground«, sagt sie und deutet auf ein freies Stück Fußboden an der Wand.

Einer der Männer dreht sich um und sieht mich an. In seinem Blick liegt ein gewisser Stumpfsinn. Dann dreht er sich weg und fängt wieder an zu tippen.

»Don't worry«, sagt meine Internetchinesin. »If you don't disturb them, they won't disturb you.«

Sie geht zurück nach oben. Ich ziehe die Motorradstiefel aus und hole meinen Schlafsack aus dem Rucksack. Dann rolle ich die Isomatte aus. Meine Lederjacke lege ich als Kissen an das Kopfende. Meine Lederhose behalte ich an. Alles andere scheint mir momentan zu intim. Ich schließe die Augen und drehe mich zur Wand. Dabei stößt mein Schädel gegen eine übergroße Steckdose. Daran hängen Kabel, die an der Wand entlanglaufen und in der Nähe meiner Füße in einem Kabelchaos enden. Also drehe ich mich wieder um. Auf der anderen Seite belästigen mich keine Kabel. Dafür flackern hier die Bildschirme. Auch die Lüftungen der Rechner heulen regelmäßig auf.

Am Meer hätte ich jetzt Sternenlicht und vielleicht ein bisschen Wind dazu. Ich ziehe meine Stiefel wieder an und gehe nach draußen.

Vor der Tür ist mittlerweile richtig Stimmung. Neben dem Gitarrenspieler stehen jetzt auch eine Geigerin und ein Cajónspieler. Ich gehe rüber zu Romeo. Auf seinem Gepäckträger steht eine Dose Guinness. Zu meiner Enttäuschung ist die Dose leer.

»You need a drink?«, fragt mich ein Mann im Anzug und hält mir seine Dose hin. Er lallt.

Dankend genehmige ich mir einen tiefen Schluck. Mein Abendessen.

»I'm not going to be what you want me to be«, ruft der Mann torkelnd in die Menge.

Dann legt er seinen Arm um mich und fragt: »Are you happy?«

Im gleichen Moment fängt eine Frau an zu singen. Die Stimme kommt mir bekannt vor. Es ist die kleine Sängerin mit den schwarzen Haaren. Sie steht neben dem Cajónspieler und singt, noch schöner als am Nachmittag. Wieder treffen sich unsere Blicke. Und wieder lächelt sie mich an. Als ihr Lied zu Ende ist, kommt sie zu mir.

»I love the way you sing«, sage ich.

»I love the way you look«, sagt sie und lacht.

Ihr Name ist Carla. Sie ist Vollblutmusikerin und kommt aus Dublin. Gemeinsam mit ihrer rothaarigen Freundin hat sie eine Band. Sie liebt Damien Rice und träumt davon, eines Tages berühmt zu werden. Als sie erfährt, dass auch ich Gitarre spiele, meine Kenntnisse sich allerdings auf ein einziges Lied beschränken, beschließt sie umgehend, mir Unterricht zu geben.

»Let's meet again on Tuesday. 4 p.m. at St. Stephen's Green«, sagt sie und verschwindet so plötzlich, wie sie erschienen ist.

Erschlagen von den Eindrücken des Tages kehre ich zurück in mein Café. Ich brauche dringend eine Mütze Schlaf. Als ich in den Keller komme, bin ich erleichtert. Zwei der drei Männer sind verschwunden. Der dritte sitzt noch immer konzentriert vor seinem Bildschirm und scheint mich nicht zu bemerken. Erschöpft lege ich mich auf meine Matte und schlafe ein.

»Holy shit!«

Jemand schreit.

»My money!«

Erschrocken fahr ich hoch. Was ist passiert? Wo bin ich?

Ich liege immer noch auf meiner Isomatte auf dem Boden. Die Uhr über der Tür zeigt mir die Zeit. Es ist kurz nach drei Uhr morgens. Der Mann sitzt immer noch vor seinem Bildschirm. Aber er ist wütend. Er brüllt und schlägt auf seinen Rechner ein. Immer wieder schreit er: »My money! My money is gone!«

Die Situation scheint ernst zu sein. Was ist passiert? Vielleicht kann ich ja helfen.

»Excuse me, Sir. Is there something I can do for you?«

Schlagartig ist er still. Jetzt erst scheint er zu begreifen, dass er nicht allein in diesem Keller sitzt. Er dreht sich um und sieht mich an. Sein Kopf ist rot. An seinem Hals pocht eine dicke Ader.

»What happend?«, frage ich, um Freundlichkeit bemüht.

Er sieht mich an. Sein Blick ist leer. Dann sieht er an die Wand. Seine Augen werden riesig.

»What happened!?«, brüllt er »You stole my money!«

Dabei zeigt er mit seinem Finger auf die Stelle hinter meinem Kopf. Ich drehe mich um und stelle fest, dass ein Kabel sich gelöst hat und jetzt auf meiner Isomatte liegt. Offenbar habe ich im Halbschlaf daran rumgefummelt. Womöglich, um endlich ungestört zu schlafen. Erschrocken stecke ich das Kabel zurück in seine Dose.

»What happened?«, fragt plötzlich die Chinesin.

»This stupid little boy took all my money!«, brüllt ihr der Mann entgegen.

»Relax. Please«, antwortet die Chinesin und gähnt.

Dann geht sie zu seinem Computer und startet ihn neu. Wie sich herausstellt, ist der Mann ein Pokerspieler. Er spielt Onlinepoker, meistens die ganze Nacht. Ausgerechnet heute Nacht ist das Finale eines wichtigen Turniers. Und leider hat mein unruhiges Schlafverhalten dazu geführt, dass sein Rechner abgeschmiert ist und damit möglicherweise auch sein Einsatz. Jetzt hilft nur noch beten.

»I'm really sorry«, stammle ich.

Aber der Mann hört mir nicht zu. Er stiert gebannt auf seinen Bildschirm und verfolgt aufmerksam jeden Handgriff der Chinesin. Plötzlich erscheint eine Hand mit Karten auf dem Monitor. Jetzt entspannt sich sein Gesicht.

»Thank you«, sagt er zu ihr. »I'm still in.«

Dann sieht er in meine Richtung.

»This time I lost ten euros. Next time you lose your life.«

Kurz darauf ist er erneut in seinem Onlinespiel versunken. Die Chinesin zwinkert mir zu und wünscht mir eine erholsame Nacht. Ich rutsche ein gutes Stück von der Wand weg und versuche einzuschlafen.

Tag 11

All the world's a stage,
And all the men and women merely players.
William Shakespeare

Die ganze Welt ist Bühne,
Und alle Fraun und Männer bloße Spieler.
Deutsch von August Wilhelm Schlegel

Die Nacht war schrecklich. Ich lag bis zum Sonnenaufgang wach. Dann bin ich weggedämmert. Jetzt ist es kurz nach neun. Ich rolle mein Gepäck zusammen. Mein Nacken ist steif und mein Hals tut weh. Die Luft im Keller ist erbärmlich. Noch immer sitzt der Pokerspieler vor seinem Monitor und starrt ins Nichts. Es wird höchste Zeit, aus meinem Verlies zu verschwinden. Als ich nach oben komme, ist die Chinesin nicht mehr da. Stattdessen steht jetzt ein Chinese hinter dem Tresen.

»Good morning«, ruft er mit starkem Akzent in meine Richtung. »My sister told me about you.«

Er erklärt mir, dass ich heute leider nicht mehr in seinem Keller übernachten kann. Die Gründe würde ich sicherlich verstehen.

»Not good for business«, sagt er lächelnd.

Allerdings ist er bereit, mein Gepäck noch einmal zu verwahren, auf Wunsch seiner Schwester. Ich danke ihm und buche einmal Internet. Mit Seans Centstücken beläuft sich mein Guthaben auf 73 Cent. Damit stehen mir gut zwanzig Minuten zur Verfügung.

In meinem Postfach liegt eine Mail von Stella. Darin schreibt sie, dass sie mich gerne treffen würde. Allerdings sei sie bis Freitag nicht in Dublin. Dann erst könnten wir uns sehen. Einen Job für mich hat sie leider auch nicht. Aber einen Tipp: Ich soll mich an Wolfgang wenden. Der ist Deutscher und Leiter des Fringe Festivals in Dublin. Vielleicht kann er mir weiterhelfen. Sein Büro liegt im Viertel Temple Bar. Zu guter Letzt gibt Stella mir ihre Telefonnummer und sendet beste Grüße an Frau Kästner. Die Nachricht gibt mir Hoffnung. Über die Homepage des Fringe Festivals erfahre ich die genaue Adresse des Büros.

Ich überlasse dem Chinesen mein gesamtes Restvermögen und übergebe ihm mein Gepäck, bis auf den Gitarrenrucksack. Darin befinden sich mein Pass und auch mein Reisetagebuch, zudem die wichtigsten Errungenschaften meiner Reise: *Romeo und Julia*, die schwarze Maske aus Stratford und die Herzkartoffel von Matthias, dem Bauern.

Um Punkt zehn Uhr verlasse ich das Internetcafé und beginne meine Arbeitssuche. Zum Abschied gebe ich Romeo einen liebevollen Klaps auf seine goldbemalte Flanke. Dann laufe ich los in Richtung Temple Bar. Nach einer Viertelstunde stehe ich in einer kleinen Gasse und drücke eine Klingel. »Fringe Festival Office« steht auf dem Schild. Die Tür geht auf und ein junger Mann mit gestyltem Haar schenkt mir ein breites Lächeln. Er heißt Brandon, kommt aus New York City und ist der Assistent der Festivalleitung. Ich erkläre kurz und knapp, worum es geht. Brandon führt mich daraufhin zu Wolfgang, seinem Chef. Der sitzt in einem Büro, das mit Flyern und Plakaten vollgestopft ist.

»Hallo. Ich bin Wolfgang«, sagt Wolfgang und bittet mich Platz zu nehmen.

»Ich habe leider nicht viel Zeit. Unser Festival steht vor der Tür.«

Wolfgang ist groß und hat strahlende Augen. Er ist Tänzer. Tanzen ist sein Leben. Und die Leitung seines Festivals. Dafür fliegt er um die Welt und guckt Theater. Die besten Gruppen lädt er dann nach Dublin ein.

»Ich bin ohne Geld nach Dublin gereist«, sage ich und bemühe mich, meine Geschichte möglichst interessant klingen zu lassen.

»Wegen einer Frau und der Liebe zum Theater.«

Ich mache eine Pause.

»Jetzt brauche ich einen Job, um zu ihr zurückzukehren und ihr den Beweis meiner Liebe zu überbringen.«

Brandon, der neben Wolfgang steht, nickt wohlwollend. Ihm scheint die Geschichte zu gefallen.

Ermutigt lege ich nach: »Ich bin bereit, alles dafür zu tun, was in meiner Macht liegt!«

»Das klingt nach einer schönen Geschichte«, erwidert Wolfgang. »Ich muss dich allerdings enttäuschen. Ich habe keinen Job für dich. Unser Team ist komplett. Tut mir leid.«

Seine Absage trifft mich. Sowohl Wolfgang als auch Brandon strahlen etwas aus, das mir sofort imponiert: Kompetenz und Leidenschaft. Ich hätte sie gerne kennengelernt. Beim Rausgehen schenkt mir Wolfgang einen Stadtplan und ein Programmheft des Festivals.

»Alles Gute für deine Rückreise!«, sagt er zum Abschied.

Brandon bittet mich noch, meine Mailadresse zu hinterlegen, für den Fall, dass sich etwas ändern sollte. Dann gibt er mir die Hand und sagt: »Your story inspires me.«

Es ist elf Uhr. Ich stehe wieder auf der Dame Street und habe Hunger. Das Letzte, was ich an Nahrung zu mir genommen habe, war das Abendessen mit Catherine und ihrer Familie, ein Cheeseburger mit Salat. Das ist jetzt über sechsunddreißig Stunden her.

Scheiß aufs Theater! Ich bin für jeden Job bereit, den mir diese Stadt zu bieten hat. Auf geht's! Ich versuche mein Glück am Imbiss an der Ecke. Fehlanzeige. Der Verkäufer schaut mich mitleidig an und sagt, er selbst hätte Monate gebraucht, um diesen Job zu finden. Das soll mich nicht weiter schrecken. Mittlerweile bin ich daran gewöhnt, mich in Geduld zu üben. Also geht es weiter Richtung Osten.

Die fünf Cafés, die ich betrete, suchen alle keinen Kellner. In einem Restaurant könnte ich auf Probe als Tellerwäscher einen Job bekommen. Aber erst am Wochenende und dann für mindestens drei Monate. Dankend lehne ich ab und gehe weiter.

Interessant, wie sich der eigene Blick verändert, wenn man Arbeit suchend eine fremde Stadt durchwandert. Alles wird genau betrachtet und geprüft, aufs Arbeitspotenzial hin untersucht. Und es gibt viel zu tun in einer großen Stadt. Nur Jobs scheinen rar gesät und heiß begehrt zu sein.

An einer Straßenkreuzung in der Nähe des Flusses wird ein Büropalast gebaut. Baustellenlärm schlägt mir entgegen. Ein Zementmischer mischt Zement und blockiert den Bürgersteig. Daneben steht ein Bauarbeiter und raucht eine Zigarette.

Ich spreche ihn an: »Excuse me. Can I work here?«

Der Bauarbeiter guckt mich an. Dann fängt er an zu lachen.

»No problem! If you get taller and stronger.«

Mich beschleichen Zweifel. Habe ich mein Glück schon aufgebraucht? Und war's das jetzt? Das Ziel erreicht und dann gescheitert? Vielleicht sollte ich zur Deutschen Botschaft gehen und dort um Unterstützung bitten … Ich überquere wieder die O'Connell Bridge und suche weiter. Auch in einem Blumenladen gibt es keinen Job für mich. Dafür schenkt man mir ein Glas Wasser.

Plötzlich stehe ich vor einem mächtigen Gebäude. Es ist das Hauptquartier des »Irish Independent«, der größten Tageszeitung Irlands. Mir kommt eine Idee! Vielleicht kann ich meine Geschichte ja verkaufen, als eine Art irisch-deutsche Liebesanekdote, im Sonderteil des Feuilletons. Der »Irish Independent« druckt meine Story und zahlt mir dafür mein Benzin nach Bochum. Das wär doch was!

Der Pförtner jedoch bremst mich. Zurzeit sei Mittagspause, ich könne aber gerne eine Nachricht hinterlassen. Er gibt mir einen Zettel. Schnell schreibe ich ein paar Zeilen: »German actor travels from Bochum to Dublin. Without any money. In the name of love. Now he needs to get back! Are you interested?« Darunter schreibe ich meine Mailadresse.

Dann laufe ich zurück nach Süden, überquere wieder die O'Connell Bridge und schleppe mich am Ufer Richtung Westen. Mein Magen schreit nach Essen, meine Beine nach Erholung und mein Herz sehnt sich nach Heimat. Ich bleibe stehen. Vor mir liegt der Eingang eines Hotels. Es ist das Hotel der irischen Rockband U2: »The Clarence Hotel«.

Ich weiß, dass Magdalena auf U2 steht. Vielleicht ist das ja jetzt ein Zeichen!

Ich betrete die Lobby und entscheide mich für eine offensive Gesprächseröffnung:

»I'm in love with somebody who loves U2!«

Immerhin. Das entlockt der Dame am Empfang ein leichtes Schmunzeln.

»Congratulations«, sagt sie. »And what can we do for you?«

»I'm here to work for you!«

Die Dame schmunzelt weiter und sagt: »We appreciate that, Sir, but I'm afraid we don't have any work for you.«

Ich setze nach: »I'm ready to do anything you want me to do!«

Jetzt löst sich das Schmunzeln der Dame leider auf.

»Sorry, Sir«, sagt sie, mit einem Blick, der mir unmissverständlich zu verstehen gibt, dass mein Auftritt jetzt beendet ist.

Ich bin fertig mit der Welt. Hab allen Mut und alle Lust verloren. Was hab ich auch erwartet? Dass ganz Dublin nur auf mich gewartet hat? Gott, was ist das alles peinlich! Ohne Geld bin ich hierhergefahren. Bis eben war das ein Triumph. Nun ist es die reinste Schmach. Ich habe Hunger und weiß nicht, was ich machen soll. Jetzt muss ich meine Oma kontaktieren, damit sie mir Geld nach Irland schickt, damit der kleine Schlumpf und sein Begleiter auch wieder heil nach Hause kommen …

Von derart trübsinnigen Gedanken geplagt, gerate ich wieder in Bewegung und laufe weiter Richtung Süden. Ich darf meine Beherrschung nicht verlieren. Bin ich nicht voller Zuversicht, ist alles aus. Mies gelaunt gibt mir niemand was zu essen. Und will ich wirklich einen Job, darf ich den Glauben nicht verlieren!

Ich betrete eine Kreuzung. Wieder kreuzt die Dame Street meinen Weg. Wohin als Nächstes? Mein Blick trifft auf das Schaufenster einer nahen Bäckerei. Dahinter locken kleine Törtchen mit Sahneschaum und frischen Früchten.

In meinem Mund bildet sich ein Sturzbach. Ein Königreich für was zu essen! Kurz entschlossen trete ich ein. Der Laden ist eine Mischung aus Bäckerei und Bistro. Der Fußboden ist schwarz-weiß gekachelt. Die

Wände sind bordeauxrot. Filmplakate aus den Achtzigern hängen über der Kühltheke. Es gibt allerlei Leckereien. Neben frischem Gebäck sehe ich Salate und üppig belegte Sandwiches. Ein Mann steht hinter der Theke und schneidet Tomaten. Er trägt eine runde Brille und hat schulterlanges Haar. Freundlich sieht er mich an.

Voll aufkeimender Hoffnung sage ich: »Do you have something for me to eat? I don't have money, but I would definetly work hard for it!«

Der Mann unterbricht das Schneiden der Tomaten und sagt: »I'm sorry. But I can't give you work.«

Ich bleibe standhaft. Jetzt bloß den Glauben nicht verlieren. Aufrichtig strahlend sage ich: »I would love to clean your toilets! Please believe me. You won't regret it!«

Mein Aufruf scheint den Mann zu treffen. Er schaut mich mitfühlend an. Aber dann schüttelt er den Kopf und sagt: »I'm really sorry.«

Ich drehe mich um und gehe nach draußen. Eine Tränenflut macht sich bereit, die soll der Mann nicht miterleben. Das wäre würdelos. Ich fange an zu laufen. Bloß weg von hier. Am besten immer geradeaus. Ich fühl mich wie ein kleiner Junge, der einsam ist, sein Zuhause sucht und es nicht findet. Die Tränen schießen jetzt in meine Augen und lassen mich die Welt verschwommen sehen.

»Hey!«

Jemand ruft.

»Hey, man!«

Eine Hand berührt mich sanft am Arm.

Ich wische schnell an meinen Augen rum und drehe

mich um. Der Mann mit seiner runden Brille. Er steht jetzt vor mir und sieht mir in die Augen.

»I'm sorry«, sagt er nur.

Und nach einer kurzen Pause: »Please come back. I'm gonna make you breakfast.«

Ohne zu begreifen, wie sich so schnell alles wenden kann, folge ich dem Mann und sitze kurz darauf auf einem Hocker. Dann erscheint vor mir, wie von Zauberhand, ein großer Teller. Darauf dampft ein frisches Rührei mit Pilzen und Tomaten. Und auch zwei warme Scheiben Brot mit Butter liegen liebevoll drapiert daneben. Es duftet himmlisch!

»Why do you do that?«, frage ich den Mann, bevor ich wage zu probieren.

»You're a traveller«, sagt er und sieht mich an. »Aren't you?«

Ich nicke.

»I could see that in your eyes.«

Er lächelt mich an.

»And I know what it means. That's all.«

Tiefe Dankbarkeit durchströmt mein Herz.

»Thank you!«, sage ich.

»My name is Jonas. I'm from Germany.«

»My name is Michael. Enjoy your breakfast.«

Michael ist Koch und kommt ursprünglich aus Neuseeland. Er ist Weltreisender. Und sein Rührei ist das beste Rührei des Planeten. Es stillt nicht nur meinen Hunger, es gibt mir neuen Mut und neue Hoffnung. Beim Ausschlecken des Tellers betrachte ich die Filmplakate an der Wand. Michaels Chef ist ein großer Filmliebhaber. Auf einem der Plakate ist Robocop zu sehen. Er zielt mit seiner Waffe über die Kühltheke hinweg genau in meine Richtung.

Ich stehe auf und stelle den sauber geleckten Teller zurück auf die Theke. Dann bedanke ich mich bei meinem Wohltäter aus vollem Herzen.

»You saved my life!«, sage ich und umarme ihn.

»Be yourself. No matter what they say«, sagt Michael und schenkt mir eine Kiwi für den Weg.

Jetzt renne ich zurück zum Internetcafé. Bevor die neu gewonnene Energie versiegt, muss ich zurück zu meinem Roller, um meinen Motorradhelm zu holen. In meiner Fantasie liegt darin der Schlüssel zum Erfolg.

Völlig außer Atem erreiche ich schließlich mein Gefährt. Romeo! Ohne ihn wäre das alles nicht geglückt. Durch ihn hab ich mein Ziel erreicht. Er ist es auch, der mich zurück nach Hause bringen kann. Aber dafür gilt es, seinen Tank zu füllen.

Als ich meinen zweiten Helm aus seinem Helmfach nehme, öffnet sich die Tür des Internetcafés. Ein schwarzer Mantel flattert mir entgegen.

»Hey, Sean!«, rufe ich.

Ich bin beglückt ihn hier zu sehen.

»How are you?«

»I'm bored«, antwortet er gleichgültig wie am Tag zuvor.

Dann sagt er: »I have to show you something.«

Verschwörerisch wirft er einen Blick nach links und rechts und fügt hinzu: »It's a secret.«

Er geht los, die Straße runter Richtung Süden. Unschlüssig, ob ich folgen soll, bleibe ich ein paar Augenblicke stehen. Seans schwarzer Mantel biegt indessen um die nächste Ecke. Ich schnalle meinen Helm an meinen Rucksack und sprinte hinterher. Drei Straßen weiter bleibt Sean vor einem gelben Wohnhaus stehen.

»It's my house«, sagt er und bittet mich, ihm in den Flur zu folgen.

Dort öffnet er seine Wohnungstür und dreht sich zu mir um.

»Please stay outside.«

Er verschwindet im Inneren und macht Geräusche, als würde er nach etwas suchen. Ein paar Minuten später kommt er zurück und grinst mich an. Es ist das erste Mal, dass er mir eine solche Mimik offenbart.

»I've got something for you.«

Seine Hände verstecken etwas hinter seinem Rücken.

»It belongs to my father. But he doesn't need it.«

Ich bin gespannt, was jetzt passiert.

Sean macht plötzlich einen Ausfallschritt und fuchtelt wild mit seinen Händen rum. Dann steht er vor mir. Seine Augen leuchten und sein linker Arm ragt in den Himmel. In seiner Hand hält er einen Gegenstand, der im Licht der Flurbeleuchtung silbern schimmert.

Ist das ein Messer?

Nein, es ist eine Machete!

»Wow!«, rufe ich.

Etwas Besseres fällt mir nicht ein.

»What a knife!«

Sean nickt bestätigend.

»What are you gonna do with that?«

Sean nimmt seine Hand herunter und will mir die Machete überreichen.

»It's for you.«

Ich begreife nicht, wie er das meint.

»Why do you want to give me such a weapon?«

»For protection«, sagt Sean mit einer Selbstverständlichkeit, die mich zum Lachen bringt.

»Thank you for your support, Sean. But I don't need it«, sage ich und klopfe ihm freundschaftlich auf die Schulter.

»No problem«, antwortet Sean.

In seiner Stimme liegt Enttäuschung. Dann dreht er sich um und geht zurück in seine Wohnung. Es vergehen Minuten. Unschlüssig warte ich im Flur. Nichts passiert.

»I have to go now«, rufe ich in seine Wohnung.

»It's time for me to earn some money.«

Sean kommt wieder an die Tür. Ohne die Machete.

»Do you like McDonald's?«, fragt er und sieht mich an, als wäre nichts gewesen.

Es ist 15 Uhr und ich stehe auf der Grafton Street, Dublins Einkaufsmeile, Heimat luxuriöser Boutiquen und Auftrittsort diverser Kleinkunstveteranen. Wieder einmal bin ich auf mich selbst zurückgeworfen. Auf mich und mein Talent. Schließlich bin ich Schauspielschüler. Jetzt gilt es das der Welt zu zeigen!

Und die Grafton Street ist eine Bühne. Wohlbetuchte

Damen führen ihren Hund spazieren. Einheimische Musiker spielen Beatles-Lieder für Touristen und am Abend ihre eigenen Songs. Jongleure werfen Keulen. Stripper drohen hier, sich zu entkleiden. Jetzt kann ich zeigen, ob der Schauspieler in mir das Zeug zum Geldverdienen hat. Aufgeregt laufe ich die Straße hoch in Richtung Süden, auf der Suche nach einem Platz zum Spielen.

Vor dem St. Stephen's Green steht eine Mülltonne aus Metall. Sie ist geschlossen und oben flach. Als Bühne ist sie räumlich zwar begrenzt, dafür aber höher als der Boden. Bei einer Körpergröße von einem Meter und vierundsechzig ist dies durchaus von Vorteil.

Jetzt heißt es mutig sein. Bevor ich zu viel denken kann, denke ich an Kleist. »Wenn ich nur dreist damit den Anfang mache …«, heißt es in seinem Aufsatz »Über die allmähliche Verfertigung der Gedanken beim Reden«. Die Essenz: Um zum Kern deiner Gedanken zu gelangen, bedarf es lediglich einer gewissen Ahnung dessen, worum sich deine Gedanken drehen. Dazu benötigst du ein Gegenüber, einen Ansprechpartner, mit dem du deine Gedanken teilen kannst. Und nicht zuletzt: den dreisten Anfang. So führt deine Ahnung über das dreiste Aussprechen deiner Gedanken letztlich zur Erkenntnis. Dann erst erkennst du, was du ahnst.

Auf geht's!

Ich ziehe Helm und Handschuhe an, schließe den Reißverschluss meiner Lederjacke und wuchte mich ein wenig ungelenk auf meine Tonne. Oben angekommen verschließe ich mein Visier und friere ein. Soll heißen: Ich bewahre meine Position und versuche, mich möglichst nicht zu regen, um so die Illusion einer Statue zu erzeugen. Bis auf den roten Helm ist diese Statue komplett in schwarzes Leder gekleidet. Ihr rechter Arm zeigt mit dem Zeigefinger in die Ferne. Ihr linker Arm streckt sich mit geballter Faust gen Himmel, als würde er den Göttern drohen. Kurz: Ich bin mit meiner Statue um einen martialischen Effekt bemüht. Ganz im Stil meines kriegerischen Vorbilds aus den Achtzigern.

Sollte jetzt ein Geldstück in meiner Gitarrentasche landen, wird die Statue lebendig und verändert ihre Position. Ein altbekanntes Spiel, dessen Kunst vor allem in der Konsequenz der Reglosigkeit begründet liegt. Und tatsächlich lockt meine Erscheinung bereits nach wenigen Momenten einen ersten Fan in meine Nähe, einen kleinen Jungen.

»Why is that man standing on top of that bin, dad?«, fragt der Junge seinen Vater.

Der mustert mich von Kopf bis Fuß und sagt: »Maybe he's looking for his motorbike.«

Er nimmt ein Geldstück aus der Hosentasche und reicht es seinem Sohn.

»You wanna put some money in his bag?«

»No!«, antwortet der Sohn und verzieht angewidert sein Gesicht.

Dann läuft er weg. Der Vater lässt das Geldstück in meine Gitarrentasche fallen und sagt: »You should work on your appearance.«

Anschließend folgt er seinem Sohn. Ungeachtet seiner Worte beginne ich mit der Performance. Meine Statue erwacht zum Leben und begibt sich in eine neue Position. Dabei bin ich bemüht um eine Art mechanisches Geruckel, wie bei einem Roboter. Schließlich friere ich wieder ein.

Diesmal strecke ich beide Arme mit geballter Faust gen Himmel. Zudem habe ich mein rechtes Bein gehoben und nach hinten angewinkelt, wie zu einem Tritt bereit.

Allerdings bemerke ich nach kurzer Zeit, dass mein angespanntes Atmen zum Beschlagen meines Helmes führt. So dauert es nicht lange und ich sehe gar nichts mehr. Auch lässt die geschlossene Lederkluft meine Körpertemperatur rapide ansteigen. Ich fange an zu schwitzen.

Als dann auch noch ein Krampf durch meine linke Wade zuckt, bin ich bereit zur Kapitulation.

Ich öffne das Visier und meine Jacke und verlasse meine Bühne mit einem Sprung nach unten. In meiner Tasche liegt ein Fünfzigcentstück.

Der Lohn für meinen ersten Auftritt ist bescheiden. Vielleicht sollte ich auf den Rat des Vaters hören. Will ich die Gunst der Kinder, muss ich mein Kostüm noch einmal überdenken.

Ich beginne mit der Optimierung. Weg mit dem Helm und mit der Jacke. Auch die Handschuhe haben ausgedient. Es bleiben nur die schwarze Lederhose und die Stiefel. Nun löse ich das blaue Tuch von meinem Hals, das Geschenk von Miro, dem tschechischen Motorradfahrer. Das binde ich um meinen Kopf. Dann nehme ich die schwarze Halbmaske aus meiner Tasche und setze sie auf. So klettere ich zurück auf meine Bühne.

Mit meinem blauen Unterhemd, dem blauen Kopftuch und der schwarzen Maske fühle ich mich wie eine

Mischung aus Pirat und Power Ranger. Die wiedererlangte Atemfreiheit und der Wind auf meiner Haut verleihen mir neue Energie. Meine rechte Hand beschirmt jetzt meine schwarzen Augen. Mit der linken Hand mache ich ein Victory-Zeichen.

Prompt steht auch schon der nächste Gast vor meiner Tonne, ein Obdachloser mit einer Flasche Bier in der Hand.

»Hey, pirate!«, ruft er und nimmt einen tiefen Schluck aus seiner Flasche.

Er wühlt in seiner Manteltasche und kramt etwas daraus hervor. Eine schwarze Augenklappe. Er schwankt einen Schritt auf meine Tonne zu und stellt das Bier zwischen meinen Stiefeln ab. Dann zieht er sich die Augenklappe über, schnappt sich das Bier und grinst mich an.

»Drink, brother!«, ruft er und hält mir seine Flasche hin.

Ich atme kaum, um möglichst regungslos zu bleiben.

Inzwischen sind auch andere Gäste Zeuge des Spektakels. Eine Familie mit zwei Kindern ist etwas abseits stehen geblieben. Heroisch heftet mein Blick sich in die Ferne, aber der betrunkene Pirat ist nicht gewillt, das Feld zu räumen. Ihm scheint der Gastauftritt an meiner Tonne zu gefallen. Er schnuppert Bühnenluft. Seine Bemühungen, mich auf einen Schluck Bier einzuladen, werden lauter und dringlicher. Als er schließlich seine Hand auf meinen rechten Oberschenkel legt und anfängt ihn zu kneten, sehe ich mich zu einer Reaktion genötigt.

Roboterähnlich verlässt meine rechte Hand ihren angestammten Platz und greift zur Flasche des Piraten, führt sie nach oben und zum Mund. Dann trinke ich daraus. Anschließend führt sie die Hand zum Himmel und zurück zu ihrem Spender. Der scheint entzückt über die Aktion und lässt zufrieden meinen Oberschenkel los. Mein rechter Arm entspannt sich und verharrt nun lässig an der Hüfte. Nun wird meine linke Hand lebendig. Sie löst das Victory-Zeichen auf und wird stattdessen zu einer Faust mit einem nach oben gerichteten Daumen. Auf meinen Lippen liegt ein Lächeln.

Die Kinder lachen. Mein Piratenfreund klappt seine Augenklappe hoch und prostet mir noch einmal zu. Dann zieht er torkelnd seiner Wege. Die Kinder kommen näher und legen Geld in meine Tasche. Mein Piraten-Power-Ranger verneigt sich zweimal ehrerbietig und versteinert erneut. Diesmal mit der linken Hand am Herzen und einer Kusshand für die Eltern der zwei Kinder.

Als die Familie mit lächelnden Gesichtern verschwindet, durchzieht mich ein Gefühl von Freude. Zwei Jahre Schauspielschule in den Fächern Improvisation und Maske finden erstmals Anklang in der Wirklichkeit. Und mein Kostüm scheint einen Nerv zu treffen, zumindest bei Obdachlosen und bei Kindern. Wer wohl als Nächstes als Gast vor meiner Tonne steht?

Eine Gruppe junger Frauen taucht in meinem Sichtfeld auf. Sie tragen rosafarbene Kostüme. Eine Frau trägt eine goldene Krone und einen herzförmigen Gasballon. Ein Junggesellinnenabschied. Als die Damen mich bemerken, beginnen sie zu kreischen. Meine Kusshand scheint gut anzukommen. Schnell bin ich umringt von einer Mädchentraube, die sich aufreizend räkelnd um meine Tonne schart. Zweimal blitzt eine Kamera. Zum Abschied werfen mir die Damen ihre Kusshand zu und winken. Dann sind sie weg. Leider ohne meine Anwesenheit auch finanziell zu würdigen. Sei's drum. Manchmal tut man Dinge eben einfach für die Liebe.

So verstreicht mein Nachmittag. Menschen kommen. Menschen gehen. Manche bleiben stehen, andere bemerken mich erst gar nicht. Aber hin und wieder landet ein funkelndes Stück Geld in meiner Tasche. Dies ist immer ein Moment der Spannung. Nie weiß ich sicher, was meine Statue als nächste Position für sich entdeckt. Mal trifft sie ein bestimmtes Bild und führt damit zum Wohlwollen des Betrachters. Mal macht mein Körper einfach, was er will. Dann ist die Position schlicht eine seltsame Verrenkung. Die führt bisweilen zu einem Lachen oder einfach nur zu ratlosen Gesichtern.

Gegen 17 Uhr beende ich den ersten Probelauf. Ich bin verschwitzt und müde. Meine Beine schmerzen. In meiner Gitarrentasche glitzert mein Lohn. Ich zähle und bin sprachlos. Nach nicht ganz zwei Stunden beläuft sich meine Gage auf 11,30 Euro. Ein Stundenlohn von ungefähr sechs Euro. Das ist der Hammer! Ich habe einen Job gefunden. Mitten auf der Straße. Auf dem Deckel einer Tonne. Und ich bin mein eigener Chef. Wann, wo und wie lange ich arbeiten will, liegt ganz in meiner Hand. Das ist weit mehr, als ich zu träumen gewagt hätte!

Ich verstaue mein Kostüm und laufe über die Grafton Street zurück in Richtung Temple Bar. Auf meinem Weg begegne ich erneut dem nackten Mann und seinem Trenchcoat. Beim Vorübergehen schenkt er mir einen seiner lusterfüllten Blicke. Ich zwinkere zurück und gehe weiter, mit einem Gefühl der Kollegialität.

Um kurz vor sechs stehe ich wieder vor der Bäckerei von Robocop und Michael. Jetzt wird gefeiert! Überschwänglich betrete ich den Laden. Michael ist dabei, die Tische abzuwischen.

»I found a job!«, rufe ich.

Michael strahlt mich an.

»Well done!«, ruft er. »Where did you find it?«

»Just on the street!«, rufe ich und lache.

Zur Feier des heutigen Montags und meiner erfolgreichen Arbeitsbeschaffungsmaßnahme bestelle ich bei Michael eine kleine Puddingtorte mit kandierten Früchten, dazu frisch gekochten Kaffee. Die Reaktion meiner Geschmacksnerven auf dieses Festmahl ist spektakulär. Immerhin habe ich es mir nach etlichen Strapazen durch meine eigene Tat herbeigezaubert und kann es nun auch noch selbst bezahlen!

Es kostet laut Speisekarte 7,30 Euro. Michael möchte mir den Hauspreis geben. Das lehne ich ab und zahle ihm stattdessen acht Euro, als Geste meiner Dankbarkeit. Ohne ihn wäre ich sicherlich nicht da, wo ich jetzt bin.

Nach diesem bewegten Tag sehne ich mich nach Ruhe

und Abgeschiedenheit. Der Strand im Norden Dublins kommt mir wieder in den Sinn. Ein Bild vom Meer und einem Lagerfeuer lockt den Romantiker in mir. Auch war der Schlaf im Internetcafé nicht unbedingt erholsam. Ich brauche dringend eine Nacht mit mir allein.

Michael wünscht mir eine gute Fahrt und gibt mir seine Dubliner Adresse. Wenn ich morgen Abend einen Schlafplatz brauche, kann ich gerne seinen Fußboden benutzen. Ab 21 Uhr ist er zu Hause.

Kaum sitze ich auf Romeo und gebe Gas, ergreift eine große Müdigkeit Besitz von mir. Mein Hals tut wieder weh. Auch meine Glieder schmerzen. Es wird Zeit, meiner Erschöpfung nachzugeben und mich zu erholen.

Bevor ich die Innenstadt verlasse, halte ich noch einmal an einer Tankstelle. Dort tanke ich mit den verbliebenen 3,30 Euro Benzin. Dann lasse ich Dublin hinter mir und komme in den Vorort Howth. Dort verfahre ich mich zweimal, bis mir eine nette ältere Dame die richtige Richtung weist.

Um kurz vor 20 Uhr erreiche ich schließlich die wild bewachsenen Klippen von Howth Beach. Ich höre das Rauschen der Brandung und das Schreien der Möwen. Die Sonne verschwindet hinter einer Wand von Wolken. Ich halte an und steige ab. Vor mir steht ein Schild, das das Kampieren auf den Klippen untersagt. Ich blicke Richtung Osten.

Vor mir liegt eine weite Landschaft voller Hügel, mit hohen Gräsern und dichtem Buschwerk. Ich schiebe

Romeo vom Weg weg, um ihn zu verstecken. In einer Senke hinter einem großen Strauch lege ich ihm seine Kette an. Dann halte ich Ausschau nach einem gut geschützten Schlafplatz für die Nacht. Das Grau des Himmels nimmt indessen zu. Ich spüre hin und wieder Regentropfen.

Hinter einem Hügel entdecke ich ein breites Loch, eher eine Kuhle. Sie schmiegt sich in die Wand des Hügels und ist von dichtem Buschwerk überwachsen. Ich lege mich hinein, um die Bequemlichkeit zu testen. Etwas steinern ist der Grund, dafür habe ich ein Dach aus Blättern. Ich ziehe ein.

Schnell ist alles an Gepäck verstaut. Meine Isomatte isoliert den Boden und meine Regenjacke verstärkt das Dach. Mit ein paar Steinen aus der Umgebung baue ich mir eine Feuerstelle vor den Eingang meines Hauses. Und mit dem Messer meines Vaters schlage ich von den umliegenden Sträuchern etwas Feuerholz.

Als es dunkel wird, liege ich erschöpft in meiner Kuhle und lausche dem Pfeifen des Windes. Es regnet. Die Blätter über meinem Kopf und die Hitze meines Feuers bewahren mich vor Feuchtigkeit und Kälte. Ich lasse meine bisherige Reise Revue passieren und schlafe ein.

Tag 12

Als ich erwache, schickt die Sonne erste Strahlen in meine blättrige Behausung. Ich hab geschlafen wie ein Stein. Die Ahnung einer nahenden Erkältung ist verschwunden. Mit neuer Kraft verlasse ich mein Quartier und erkunde die Umgebung. Auf die Hügel und das Gras folgt eine karge Steinlandschaft, die abschüssig in Richtung Meer verläuft. Ich gehe weiter und gelange schließlich an die Klippen. Darunter spritzt das Meer. Ich atme Salzgeruch. Der Wind packt meine Haare und frisiert sie augenblicklich um. Über mir steht eine große Sonne und schenkt mir ihre Wärme. Ich blicke exakt in Richtung Osten. Da liegt England und der Weg zurück nach Bochum.

Zu meinen Füßen liegen Steine. Sie sind verklebt mit Möwenkot. Behutsam sammle ich die schönsten Steine ein und befreie sie von ihrem Dreck. Ich wähle ein würdevolles Plätzchen aus, direkt am Klippenrand.

Jetzt ist es Zeit für eine Nachricht an die Welt! Ich beginne Buchstaben zu arrangieren. Die Küste dient mir dazu als Papier. Die Steine erweisen sich als Tinte. Dann, am Ende des poetischen Ergusses, blicke ich bewegt zu Boden.

Ihr Name steht steinern an der Küste Irlands. Nur

vom Himmel aus zu lesen. Der Romantiker in mir steht freudestrahlend auf der Grünen Insel und breitet seine Arme aus. Er schließt die Augen und blickt in die Unendlichkeit. Für einen kurzen Augenblick verschmilzt er mit der Welt und fühlt sich eins. Sein Auftrag ist erfüllt. Dann öffnet er die Augen und beginnt erneut zu sammeln. 17 Steinchen an der Zahl. Nur die schönsten, die er finden kann. Alle mit einer einzigen Gemeinsamkeit. Ihre Form erinnert an ein Herz.

Auf dem Weg zurück nach Dublin ist mein Herz erfüllt von Leichtigkeit. Mein Rucksack hingegen ist gefüllt mit einem Haufen Steine. Entsprechend schwer hängt er an meinem Rücken. Ich möchte meinen Freunden bei meiner Heimkehr etwas von dieser Reise als Geschenk überreichen. Nicht umsonst gibt es das Sprichwort: Glück ist das Einzige, was sich verdoppelt, wenn man es teilt.

Folglich führt die Gewichtszunahme meines Rucksacks nur zu einem breiten Grinsen, das ich der Welt auf meiner Fahrt in Richtung Innenstadt entgegengrinse.

Um kurz nach elf erreiche ich mein Basislager, das Internetcafé. Mittlerweile bin ich hier ein gern gesehener Gast. Auch wenn ich nicht im finanziellen Sinn bereichernd bin, so doch bisweilen im kommunikativen. Die Chinesin, deren Namen ich immer noch nicht weiß, kommt gerne mit mir ins Gespräch. Außerdem beschützt sie mein Gepäck. Das ist mir eine große Hilfe. Auch diesmal nimmt sie es entgegen.

»What happened?«, fragt sie neugierig. »You look happy.«

»I just slept on an Irish coast«, erwidere ich und schenke ihr mein Grinsen. »And I survived.«

Dann sprinte ich zu Computer Nummer 8. Ich will dringend eine E-Mail schreiben. An meinen Freund René. Der ist derzeit, wie ja schon erwähnt, in Indien. Zusammen mit Tom, seinem Reiseschlumpf, dem Freund von Huck.

Ich will ihm dringend meine Grüße senden. Das Gleiche gilt für Huck und Tom. Auch sie verlangen längst, dass man sie gegenseitig grüßt.

Kaum habe ich mich eingeloggt, springt mir eine Mail entgegen. Der Absender weckt mein Interesse: wolfgang@fringefest.com.

Was mag das wohl bedeuten? Wieso schickt mir der Leiter des Fringe Festivals eine E-Mail? Mit erhöhtem Puls klicke ich auf Öffnen.

Lieber Jonas,

ich hab dich gestern zufällig auf der Grafton Street spielen sehen. Das warst doch du, oder? Der blaue Pirat auf der Mülltonne? Deine Energie hat mir gefallen!
Ich hätte da womöglich doch einen Job für dich ...
Komm doch noch mal vorbei, wenn du Interesse hast.

Herzlich
Wolfgang

Was ein Tag! Da stehst du eben noch auf dem romantischen Olymp, und kaum dass du wieder auf der Erde landest, reißt sich die Arbeitswelt um dich. Gestern noch hab ich mir selber einen Job geschaffen und heute gibt's die Reaktion: Das Fringe Festival will mich in seinem Team!

Freudig verfasse ich eine kurze Mail an meinen lieben Freund in Indien, dazu die allerbesten Grüße von Huck an Tom. Dann packe ich alles Wesentliche für mein Treffen ein: Schlumpf, Gitarrenrucksack, blaues Tuch und Maske. Ich bin gerüstet für mein erstes offizielles Vorstellungsgespräch in Irland. Die Chinesin gewährt mir nun sogar, meine genutzte Zeit im Netz anzuschreiben. Schließlich sei ich ja jetzt berufstätig. Da ist so was möglich.

Um Punkt zwölf stehe ich erneut am Hauseingang des Fringe-Büros. Brandon strahlt mich an.

»Good to see you again!«, sagt er und schüttelt mir die Hand.

Wenig später bin ich wieder im Büro von Wolfgang. Noch immer ist es voll mit Flyern und Plakaten.

»Ich mach es kurz«, sagt er. »Deine Präsenz auf der Mülltonne hat mir gefallen.«

Er lächelt und fährt fort: »Wir brauchen jemanden, der unser Festival bewirbt. Jemanden, der es mit Lust und Leidenschaft nach außen hin vertritt. Das im Allgemeinen. Und im Besonderen: Es gibt da eine deutsche Breakdance-Gruppe mit einer Show namens Rumble. Die ist zum ersten Mal dabei und verdient eine besondere Bewerbung.«

Wolfgang macht eine Pause und grinst mich an.

»Ihre Show basiert auf *Romeo und Julia.*«

Mein Herz macht wieder einmal bum.

Dann lässt Wolfgang seinen Blick über die Flyerberge schweifen und sagt: »Wenn du zwei Tage für uns durch Dublin läufst und flyerst, kann ich dir 100 Euro dafür zahlen.«

Ohne auch nur für einen einzigen Moment darüber nachzudenken, mache ich einen Luftsprung und rufe: »Ich bin euer Mann!«

Es ist 12:30 Uhr. Mit einem aus allen Nähten platzenden Gitarrenrucksack laufe ich durch Dublin und verteile pinke Fringe-Flyer an Passanten. Dazu trage ich das offizielle Fringe-Festival-T-Shirt. Das ist ebenfalls pink.

Ich fühle mich in meinem Element. Die Kunst des Flyerns habe ich ja bereits in Stratford und Birmingham geübt. Die wichtigste Erkenntnis damals: Ich begreife das Ganze als ein Spiel, immer wieder neu, immer wieder anders.

Und so läuft es auch jetzt. Bei jedem Menschen, der mir auf meinem Weg begegnet, versuche ich sofort zu erfassen, wie er wohl tickt, in welcher Stimmung er sich momentan befindet und was der beste Weg ist, ihn mit meiner pinken Botschaft zu erreichen.

Dabei zählt vor allem eins: Timing. Wann finde ich den perfekten Augenblick, meinen Flyer mit dem bestmöglichen Spruch an die betreffende Person zu übergeben? Und zwar so, dass sie tatsächlich ein Interesse an dem pinken Stück Papier entwickelt. So kann mitunter eine simple Frage der Flyerübergabe dienlich sein:

»Do you know what that is?«

Darauf folgt bisweilen ein: »No. What is it?«

Und schon ist der Dialog eröffnet. Jetzt geht es lediglich darum, eine möglichst charmante Antwort zu finden, die die betreffende Person bestenfalls zum Lachen bringt. Beispielsweise: »Sorry. I can't tell you. It's a secret.«

Und oft folgt auf das Lachen eine Unterhaltung. Dann kann der Flyer den Besitzer wechseln und es werden zum Beispiel die Vorzüge eines Theaterbesuches, die Leiden des Alters, einfach nur das Wetter oder schlicht die Freude am Kaufen thematisiert.

Und immer wenn ich den Impuls verspüre, komme ich auf die deutsche Breakdance-Gruppe und ihre Rumble-Show zu sprechen. Ohne die Show je gesehen zu haben, fällt es mir ausgesprochen leicht, sie leidenschaftlich zu bewerben. Schließlich ist es Shakespeare, der seine Finger hier im Spiel hat, und ich verstehe mich als seinen Boten. Dazu erweist sich meine antiquarische Ausgabe von *Romeo und Julia* als durchaus hilfreich. Sobald sich die Möglichkeit ergibt, werde ich zu Julia und lese schmachtend daraus vor:

»Come, gentle night; come, loving, black-brow'd night,
Give me my Romeo; and, when he shall die,
Take him and cut him out in little stars,
And he will make the face of heaven so fine,
That all the world will be in love with night …«

Dann folgt ein sehnsuchtsvoller Seufzer, kombiniert mit der Übergabe des Programmhefts. Meine Leidenschaft scheint sich zu übertragen. Leute fragen nach, machen sich Notizen und bedanken sich sogar mit einem Händedruck. So wird der bloße Auftrag allmählich zur Mission.

Vor einem Skaterladen auf der Grafton Street quatsche ich euphorisch eine Gruppe Jugendlicher an.

»We don't need that Shakespeare stuff«, sagt ein junger Typ als Reaktion auf meinen Flyer.

Er macht ein Knäuel aus meinem pinken Zettel und kickt ihn gekonnt zu seinem Partner, der ihn in eine Mülltönne köpft. Die Mädels in der Gruppe klatschen. Dann springt der erste der zwei Jungs auf seine Hände und läuft in meine Richtung. Er rutscht runter auf den Kopf und dreht sich virtuos im Kreis. Schließlich friert er ein, steht auf und grinst mich an. Sein Partner macht einen Rückwärtssalto. Beide schlagen ein.

»Thanks for joining the show!«, rufen sie und gehen zu den Mädels. Ich applaudiere.

Fast schon rauschhaft flyere ich mich durch die Straßen Dublins, ganz im Sinne meines Auftraggebers, mit Lust und Leidenschaft. So lerne ich immer neue Leute kennen, teils aus Dublin, teils aus dem Rest der Welt. Je länger ich mich durch die Stadt bewege, desto vertrauter wird sie mir. Jeder übergebene Flyer beflügelt mich in meinem Selbstbewusstsein. Die Tatsache, dass mir mein neuer Job bereits eine von zwei Fährfahrten finanziert, setzt immense Energien frei. Entsprechend zügig verliert mein Rucksack sein Gewicht. Nicht mehr lange und mein heutiger Auftrag ist erfüllt.

Dann stehe ich plötzlich vor einer großen Uhr, mitten auf der Grafton Street. Es ist zwanzig nach vier. Shit! Schlagartig fällt mir die Verabredung mit Carla, der kleinen Sängerin, wieder ein. Ich packe die übrig gebliebenen Flyer in meinen Gitarrenrucksack und renne los. Die Straße ist vollgestopft mit Menschen. Mühsam rempele ich mich in Richtung Süden.

Ich durchquere den steinernen Rundbogen des St. Stephen's Green. Vor mir liegt das tiefe Grün des Parks. Uralte Kastanienbäume wiegen ihre Äste im Licht der Abendsonne. Fast verwunschen, dieser Park. Ich blicke mich um und lausche. Keine Gitarre. Kein Gesang. Nichts.

Ich rufe: »Carla!«

Niemand antwortet. Nur eine kleine Entenfamilie quakt in einiger Entfernung auf dem Teich, an dem ich gestern eine kurze Rast einlegte. Und da steht auch Olek aus Polen. Er raucht eine Zigarette und schaut den Enten beim Schnattern zu.

»Hey, Olek!«, rufe ich. »Did you see a beautiful girl with a guitar?«

Olek sieht mich an und grinst: »Not today, my friend. Sorry. What's her name?«

»Carla«, antworte ich. »She wants to teach me another song on my guitar.«

»Great.«

Olek nickt und blickt wieder zu den Enten. Er sieht müde aus.

»How was the night?«, frage ich.

»We had a little rain. So night was a bit short«, antwortet er und schaut in Richtung Sonne.

»But now we have sun again.«

»Where is David?«, frage ich.

»He is looking for a job today. Did you find a job?«

»Yes!«, antworte ich euphorisch und überreiche ihm einen meiner pinken Flyer.

»I'm flyering for the Fringe Festival.«

»Great! So you will make your way home.«

Olek steckt den Flyer ein und schüttelt mir die Hand.

»You are a lucky guy.«

Ich verabschiede mich und wünsche ihm eine trockene und sichere Nacht. Dann laufe ich weiter ins Innere des Parks und rufe in regelmäßigen Abständen »Carla!«.

Aber niemand antwortet. Schließlich lasse ich mich auf einer Parkbank nieder. Wenn ich darüber nachdenke, wohin das Gitarrenspiel mit einer Frau beim letzten Mal geführt hat, ist es möglicherweise sogar von Vorteil, dass wir uns heute verpasst haben. Carla hat wunderschöne Augen und eine bezaubernde Stimme. Die Erfahrung mit Catherine hat mir gezeigt, wie schnell Ziele hinfällig werden können und wie schnell man bereit sein kann, seinen Weg aus den Augen zu verlieren.

Entschieden trete ich den Rückweg an. Da vernehme ich plötzlich ein Schluchzen. Jemand weint. Und das nicht weit von hier. Ich verlasse meinen Weg und betrete eine Wiese, in deren Mitte eine mächtige Platane steht. Als ich den Fuß des Baums erreiche, hört das Schluchzen auf. Ich gehe langsam um den Stamm herum und bleibe stehen. Da sitzt Carla. Ihre Gitarre lehnt an der Platane. Ihre Augen sind schwarz verschmiert.

»Hey!«, sage ich und setze mich. »Are you o. k.?«

Carla sieht mich an. Ihr Blick ist leer. Dann lächelt sie und sagt: »Life is just a piece of shit.«

Ich reiche ihr meine Wasserflasche und sage: »You wanna talk?«

»I wanna teach you«, antwortet sie und greift sich ihre Gitarre.

Carla erweist sich als hervorragende Lehrerin. Für unsere heutige Stunde hat sie sich überlegt, mir *Help!* von den Beatles beizubringen. Die hierzu nötigen Griffe sind den Griffen von *Knockin' on Heaven's Door* nicht unähnlich. Entsprechend groß ist die Aussicht auf Erfolg.

Wir üben im Wechsel. Sie zeigt mir die Akkorde auf ihrer schwarzen Westerngitarre und ich wiederhole alles auf meiner kleinen Kindergitarre. Nach einer guten Stunde sind mir die Griffe vertraut. Carla ist zufrieden und beginnt zu singen. Ihre Interpretation von *Help!* ist dunkel und traurig. Während sie singt, laufen ihr Tränen übers Gesicht. Trotzdem lächelt sie mich an und ermuntert mich, sie zu begleiten.

Und so sitzen wir schließlich laut singend am Fuße der dicken Platane mitten im St. Stephen's Green. Carlas Stimme verleiht mir den nötigen Mut, um jede Angst und Schüchternheit beim Singen zu überwinden. Auch das gelegentliche Vergreifen tut der Spielfreude keinen Abbruch.

Plötzlich verstummt Carla.

»I have to go now«, sagt sie.

Sie greift in ihre Gitarrentasche und schenkt mir eine selbst gebrannte CD mit drei ihrer Songs. Dann umarmt sie mich, nur kurz, aber innig. Sie rennt los und ist verschwunden. In meinem Reisetagebuch stehen jetzt der Text und die Griffe von *Help!*. Ich packe meine Gitarre ein und schlendere summend zum Ausgang des Parks. Mein Vater hat mal zu mir gesagt: »Reich ist der, dem's reicht.« Ich muss grinsen. Tatsächlich fühle ich mich in diesem Augenblick wie der reichste Mensch der Welt. Vielleicht muss man ja wirklich mittellos sein, um so reich beschenkt werden zu können wie ich auf meiner bisherigen Reise.

Als ich den Park verlasse, kommt mir David entgegen.

»How was your day, David? You found some work?«

Aber David sieht mich nicht an. Er schüttelt nur den Kopf und geht weiter in Richtung des Ententeichs. Da steht auch Olek. Er kommt David entgegen. Die beiden sprechen auf Polnisch miteinander. Offenbar hat David keine guten Nachrichten mitgebracht. Er ist aufgebracht und Olek versucht ihn zu beruhigen. Dann legt sich David ins Gras und macht die Augen zu. Olek setzt sich daneben und vergräbt sein Gesicht in seinen Händen.

Meine gute Laune ist wie weggeblasen. Da bist du gerade erst in dieser Stadt gelandet und schon kennst du Menschen an jeder zweiten Straßenecke. Zwar kennen wir uns nur flüchtig, doch ein Gefühl der Verbundenheit ist dennoch da. Schließlich hat Olek Huck gerettet.

Ich drehe um und gehe zu Olek: »Will you stay here for a while?«

Olek blickt mich an und antwortet: »Don't worry, my friend. We will not run away.«

Ich renne los, raus aus dem Park, die Grafton Street entlang in Richtung Norden, vorbei an Versace, Armani und Chanel, dann links in die Suffolk Street, überspringe eine rote Ampel und sprinte über die Dame Street. Schließlich erreiche ich mein Internetcafé, werfe kurz einen Blick auf Romeo, gehe hinein und durchwühle mein Gepäck. Dann renne ich zurück.

Völlig atemlos stehe ich gegen 18:30 Uhr erneut vor jenem Ententeich im St. Stephen's Green. Ich habe Hunger. Das wird mir jetzt schlagartig klar. Bei all dem Geflyere und Musizieren hab ich das Essen wieder mal total vergessen. Das Letzte war die Puddingtorte bei Michael in der Bäckerei. Aber gut, bevor ich mich erneut ans Geldverdienen mache, muss erst noch dieser Schlafsack übergeben werden. Er stammt von meiner Mutter. Sie hat ihn mir geschenkt. Aber in Anbetracht der jetzigen Situation wird sie sicher nichts dagegen haben, dass ich ihn weiterschenke.

Olek und David liegen mittlerweile beide im Gras und haben die Augen zu. David schnarcht ein bisschen. Als ich näher trete, macht Olek die Augen auf und sieht mich an.

»You see. We are still here.«

Er lächelt.

»This is for you«, sage ich und halte ihm den Schlafsack entgegen.

Olek sieht mich fragend an.

»This is really nice, my friend«, sagt er. »But where will you sleep?«

Ich überlege.

»You know. I was very lucky till today. And I believe that I will make my way without this sleeping bag. You might need it more.«

Oleks Augen beginnen zu leuchten. Er berührt David am Arm.

»Wake up, David! Tonight you will have better sleep. Have a look.«

Dann reicht er ihm den Schlafsack.

Ich hole Huck aus meiner Tasche und sage: »Thank you for protecting my little friend.«

Olek und David geben mir die Hand und sagen etwas auf Polnisch, das ich nicht verstehe. Dann laufe ich zurück zur Grafton Street. Als ich mich noch einmal umdrehe, sehe ich, wie die beiden mir ein letztes Mal winken.

Jetzt wird es Zeit fürs Abendessen. Schnell entdecke ich eine geeignete Mülltonne mitten auf der Grafton Street. Der Zeitpunkt scheint mir ideal zu sein. Die Straße ist voller Menschen und die Abendsonne schenkt meiner Tonne einen goldenen Glanz. Zack, zack. Gitarrentasche hingelegt, Maske und Tuch aufgezogen und dann nach oben geklettert. Wenns auch nur annähernd so gut wie gestern läuft, kann ich mir später ein fürstliches Abendmahl gönnen!

Meine Startposition ist Superman. Linke Hand an linker Hüfte. Rechte Hand zur Faust geballt gen Himmel gestreckt. Mal ehrlich, vielleicht ist diese ganze Sache mit Magdalena ja nur ein Vorwand gewesen. Eine Art Initialzündung für mich, um in die Welt zu ziehen und gute Taten zu vollbringen. Am Ende dient meine romantische Verzauberung gar dazu, die Erde Stück für Stück mit Nächstenliebe zu beglücken …

»Excuse me, Sir.«

Ein erster Gast scheint interessiert an meiner Show zu sein. Ich fokussiere meinen Geist und zeige, was ich kann. Mechanisch verlässt meine linke Hand die Hüfte und ruckelt nach oben. Dort wird sie ebenfalls zur Faust. Gleichzeitig wandert meine rechte Faust nach unten. Das neue Bild ist ein Ringer, der den Menschen seine Muskeln zeigt.

»Excuse me, Sir.«

Wieder spricht der Gast mich an. Doch diesmal will ich ihn mit bedingungsloser Regungslosigkeit beeindrucken.

»Excuse me, Sir.«

Jetzt klingt er nicht mehr freundlich.

»Come down!«

Ich bin neugierig und ruckle meinen schwarz maskierten Kopf nach rechts.

Scheiße! Da steht ein Bulle. In Uniform und Mütze. Und sein Gesicht strahlt Ärger aus. Schnell lass ich meine Fäuste sinken und hüpfe von der Tonne. Der Polizist erklärt mir, dass das Stehen auf Mülltonnen untersagt sei. Und dem hätte ich Folge zu leisten, ansonsten müsste ich mit einem Bußgeld rechnen.

Ich beteuere meine Einsicht und bedanke mich für sein Verständnis. Er wünscht mir einen angenehmen Abend und rät mir, die Performance einfach auf die Straße zu verlegen. In Anbetracht meines wachsenden Hungers setze ich die Arbeit auch unmittelbar fort, neben der Mülltonne. Ich nehme erneut meine Muskelmannposition ein und warte auf den ersten Gast. Der kommt auch bald. Ein Mann im Anzug. Allerdings scheint der ein größeres Interesse an der Mülltonne, als an meiner Kunstfertigkeit zu haben. Bei seinem Versuch, eine Coladose in die Tonne zu stopfen, rempelt er mich unsanft von der Seite an.

Die Erkenntnis ist kurz und schmerzhaft: Ich bin einfach zu klein für eine derartige Performance im öffentlichen Raum. Man sieht mich nicht. Erst die Erhöhung durch die Tonne hat mir die entscheidende Präsenz verliehen. Missmutig schleiche ich von dannen.

Tja, ohne die entsprechende Bühne wird selbst der begabteste Schauspieler einfach nicht wahrgenommen.

Es ist halb acht und ich sitze auf einem Bordstein im Viertel Temple Bar. Mein Magen knurrt. Vor mir stolzieren aufreizende Mädchentrauben durch den hereinbrechenden Abend. Die Stimmung ist ausgelassen. Nach meinem gescheiterten Superheldenauftritt greife ich zurück auf die Gitarre. Vielleicht kann mir mein neuer Song ein Abendessen bescheren.

Ich klappe mein Tagebuch auf und beginne zu spielen. Erst mal nur die Akkorde, um warm zu werden. Ich bin überrascht. Die Griffe laufen wie von selbst. Also fange ich an zu singen. Erst etwas zaghaft:

»When I was younger, so much younger than today, I never needed anybody's help in any way …«

Ein vorüberstaksendes Mädchen in blauen Hotpants lächelt mich an. Ich fasse Mut und werde lauter:

»… but now these days are gone, I'm not so self assured …«

Ich denke an Carla. Voller Inbrunst schmettere ich den Refrain:

»… help me if you can …«

Da stehen plötzlich drei kräftige Männer mit Glatze vor mir und halten mir eine Dose Guinness entgegen.

»Help yourself and drink that!«, ruft der größte der drei.

Sein Englisch klingt abgehackt und völlig unverständlich. Auf seinem T-Shirt steht »Glasgow Rangers«.

Ein Guinness ist zwar kein Abendessen, aber gehaltvoll genug, um den ersten Hunger zu stillen. Ich lege die Gitarre zur Seite und greife zu.

»Thank you guys for the beer!«, rufe ich und proste den drei Schotten zu.

Die bringen einen Trinkspruch, den ich beim besten Willen nicht verstehe. Dann kippen sie ihr Bier auf ex und schauen mich erwartungsvoll an.

»I'm sorry guys, but I'm not used to drinking that fast.«

Die Schotten fangen an zu lachen. Das Lachen wird

ein Brüllen. Und das Brüllen wird zu einem wutentbrannten Fluchen.

»I'm sorry«, wiederhole ich.

Dann plötzlich Stille. Die drei Hünen haben mich umstellt. Der Glasgow-Ranger-Typ flüstert mir von hinten in mein Ohr. Ich verstehe leider wieder nichts. Doch es klingt bedrohlich. Die anderen zwei Typen öffnen indessen ihre zweite Dose Guinness und halten sie startbereit an ihre Münder. Ihre Augen fixieren mich.

»Go!«, haucht es in mein Ohr.

Ohne zu zögern, setze ich die Dose an und fange an zu trinken. Dabei tätschelt mir der Schotte hinter mir die Schulter, wie wenn ein Freund dem Freund zu Seite steht, wenn dieser gerade eine harte Prüfung zu bestehen hat.

Schließlich ist die Dose leer. Zweimal musste ich zwar absetzen und einmal ordentlich ausspucken, aber leer ist leer. Die Schotten feiern mich wie einen heimgekehrten Bruder. Sie schütteln mir alle drei die Hand, hauen mir auf die Schulter und heben mich zu guter Letzt auch noch in die Luft. Dann fangen sie an zu singen und packen die nächste Dose Guinness aus. Panisch packe ich meine Gitarre und renne los. Raus aus dem Viertel, Richtung Romeo.

Mittlerweile hat der Alkohol sein Ziel erreicht. Ich spüre die leichte Taubheit meiner Zunge. Auch mein Körper schwankt ein wenig hin und her. Jetzt bloß nicht auf die Fresse fliegen.

Um halb neun erreiche ich das Internetcafé. Atemlos setze ich mich neben Romeo und schließe die Augen.

Erst mal runterkommen. Da öffnet sich die Tür und jemand tritt heraus.

»You're late.«

Es ist Sean. Er steht im Türrahmen und blickt auf seine Armbanduhr.

»What happened?«, fragt er.

Ich stehe auf.

»Sorry, Sean. I had some problems.«

»No problem«, antwortet Sean. »Are you ready for dinner?«

Sean hatte mich zum Abendessen eingeladen. Gestern. Das habe ich total vergessen. Nun heißt es Abschied nehmen von meinem lieb gewonnenen Internetcafé. Ich nehme mein Gepäck entgegen und Sean zahlt liebenswürdigerweise meine verbliebene Restschuld von 40 Cent.

»What's your name?«, frage ich meine hilfsbereite Chinesin zu guter Letzt.

»My name is Amie«, antwortet sie.

»Amie?«, sage ich. »That's not a typical Chinese name, is it?«

»I'm not from China. My family comes from Korea.« Sie schenkt mir ein herzerfülltes Lachen.

»But I was born in Dublin.«

Als wir schließlich vollgepackt auf Romeo sitzen, sehe ich Sean im Rückspiegel. Er hat die Augen geschlossen.

»How are you?«, rufe ich nach hinten.

Keine Antwort. Ich gebe Gas. Seans schwarzer Mantel beginnt zu flattern. Ich sehe, wie er seinen Kopf in den Fahrtwind neigt. Um seine Lippen spielt ein leichtes Lächeln.

Um kurz nach neun kommen wir zum Stehen. Vor uns steht ein hässlicher Clown und grinst. Die Empfangsdame unseres heutigen Restaurants: McDonald's.

Sean steigt ab und sagt: »Wait. I'll go and get it and then come back out.«

Dann geht er rein. Ohne den Helm vom Kopf zu nehmen. Ich schiebe Romeo in eine Parkbucht und setze mich auf seine Sitzbank. Am Himmel leuchtet ein erster Stern. Ich denke an Olek und David. Und an Carla.

»Hey, Romeo! You have a nice bike!«

Vier Jugendliche bleiben vor mir stehen und begutachten die goldenen Unterschriften auf meinem Roller. Dabei teilen sie sich eine Flasche Sekt. Ich steige ab und streichle Romeos Sitzbank.

»His name is Romeo. My name is Jonas.«

Der Junge aus der Gruppe gibt mir die Hand und sagt: »In the name of love: You think girls should attack boys?«

Dabei grinst er die drei Mädels an. Die grinsen zurück und hauen ihm nacheinander eine runter. Der Junge schreit und ruft: »Help! They'll kill me!«

Nach einem gemeinsamen Schluck aus der Sektflasche kommt Licht in diese seltsame Zusammenkunft. Der Junge heißt Marc. Die Mädels heißen Emma, Lucy und Rebecca. Marc war nacheinander in alle drei verliebt. Vor nicht allzu langer Zeit haben sich die drei noch gehasst. Jetzt sind sie beste Freundinnen und zahlen es Marc heim. Der Sekt dient dabei als Katalysator.

Eine kurze Zusammenfassung meiner bisherigen Reise bringt alle vier zum Seufzen. Sie bieten mir den restlichen Sekt an. Dankend lehne ich ab. Dafür reiche ich ihnen meinen goldenen Edding.

Als Sean aus dem McDonald's kommt, prangt ein neues Tattoo auf Romeo:

»*Power to the violent femmes!*«, darunter: »*I'm so fucking drunk.*«

Sean hat immer noch den roten Helm auf seinem Kopf. In seiner Hand hält er eine große Papiertüte.

»Enjoy your dinner«, sagt er trocken und nimmt den Helm schließlich ab.

»Thanks, Sean!«, sage ich und greife in die Tüte.

Darin sind etwa zwanzig kleine Cheeseburger, eingewickelt in Papier.

»We're lucky«, kommentiert Sean meine ungläubigen Augen.

»They have a special on: one euro for a burger.«

Auch wenn ich McDonald's eigentlich zum Kotzen finde, schlinge ich die Burger jetzt in mich hinein. Es ist meine erste Mahlzeit heute. Außerdem brauchen das Guinness und der Sekt dringend ein Gegengewicht.

Nach dem sechsten Burger wird es jedoch problematisch. Der Appetit ist noch vorhanden, aber der Magen scheint zu rebellieren. Ein lautes Gurgeln ist zu hören.

Also kaue ich den siebten Burger nur noch bis zur Hälfte. Sean reicht mir seine Sprite und mampft in aller Ruhe den Rest der Burger auf.

Dann sind wir beide satt und Sean gibt mir die Hand.

»I have to go home now. Thanks for the ride.«

Er dreht sich um und geht.

»Thanks for the dinner!«, rufe ich ihm hinterher.

Als ich gegen 21:45 Uhr vor Michaels Apartment stehe, verspüre ich das dringende Verlangen nach einer Toilette. Ich drücke die Klingel und Michael öffnet mir die Tür. Er ist bereits im Schlafanzug und lächelt, als er mich sieht.

»Hey!«, sagt er. »Good to see you. I was about to go to bed.«

Während ich sein Klo benutzen darf, bereitet er mir mein Nachtlager auf seinem Fußboden. Isomatte, Schlafsack und ein dicker Seemannsmantel als Kopfkissen. Insgesamt besteht seine Wohnung aus einem einzigen Zimmer, einer winzigen Toilette mit Duschzelle und einer kleinen Kochnische. Über seinem Bett hängt eine große Weltkarte.

»We have to get up at 5:30 in the morning. Can you manage that?«, fragt Michael, bevor er das Licht ausknipst.

»For sure«, antworte ich.

Dann ist es dunkel und ich denke an Magdalena. Wie sie guckt, wie sie redet, wie sie lacht. In meinem Bauch sind Schmetterlinge. Genau wie damals, als ich zum ersten Mal auf einer Theaterbühne stand, hinter dem Vorhang. Kurz vor der Premiere von Shakespeares *Sommernachtstraum*.

»Michael?«, frage ich in die Dunkelheit des Zimmers.

»Are you in love with somebody?«

Und bevor ich ins Reich der Träume hinübergleite, erzählt Michael mir die Liebesgeschichte seines Lebens. Seit drei Jahren ist er mit Sarah zusammen. Sie kommt wie er aus Neuseeland. Und wie er ist auch sie Weltreisende. Allerdings lebt sie gerade in den USA, hat dort einen Job als Grafikerin gefunden. Das letzte Mal haben sie sich vor einem Jahr gesehen. Seitdem skypen sie regelmäßig und schreiben sich E-Mails.

»Don't you wanna be together?«, frage ich.

»Of course«, sagt Michael. »We love each other. But she loves being a graphic designer in the US. And I love being a cook in Ireland.«

Bevor ich einschlafe, höre ich sein leises Lachen.

»People call us the transatlantic love couple.«

Tag 13

Der Morgen meines dreizehnten Tages wird mit dem Scheppern von Michaels altem Metallwecker eingeläutet. Kurz darauf erklingt indische Musik und Michael verschwindet im Bad. Ich ziehe mir seinen Schlafsack über den Kopf und döse weiter. Wenig später berührt mich Michael am Arm und sagt: »Hurry up. We have to go.«

Ich stehe auf und ziehe meine Lederhose und meine Stiefel an. Dann rolle ich Michaels Schlafsack ein. Er ist außen violett und innen rot. Ich stopfe ihn in seine Hülle und übergebe ihn an Michael.

»You need a sleeping bag?«, fragt er. »A friend from Sweden left it here. I have another one. So I don't need it.«

Ich reibe mir den Schlaf aus den Augen und sage: »It's funny that you ask me. Yesterday I gave mine to two friends from Poland. And now you offer me a sleeping bag from Sweden.«

Michael lächelt.

»That's what I've learned about travelling. Sometimes you give, sometimes you take.«

Als wir die Straße betreten, glitzern die ersten Sonnenstrahlen durch den Morgen. Es ist kühl. Am Himmel funkelt noch immer ein einziger Stern. Ich sehe Michaels Atem in der Luft. Er nimmt meinen Rucksack auf den Rücken und zieht sich meinen zweiten Helm über den Kopf. Seine langen Haare hängen hinten raus. Wir fahren los, durch ein noch schlafendes Dublin. Während die ersten Straßenlaternen ihr Licht verlieren, tuckern wir gemütlich zu Michaels Backstube.

Um 6:15 Uhr parke ich Romeo auf dem Bürgersteig neben dem Eingang der Bäckerei. Michael schließt den Laden auf und macht Licht. Noch immer zielt Robocop in meine Richtung. Wir gehen zusammen in den Keller. Dort steht eine schwarze Ledergarnitur. Michael nimmt meinen Rucksack ab und sagt: »You can have another rest while I'm preparing for the day.«

Dann geht er zurück nach oben und beginnt sein Tageswerk. Ich lege mich auf das schwarze Ledersofa und schlüpfe in meinen neuen Schlafsack.

In meinem Traum renne ich durch Dublin. Immer schneller und schneller. Irgendwann renne ich sogar Wände und Häuser hoch. Plötzlich stehe ich auf einem Dach und Sean taucht vor mir auf, mit seinem schwarzen Mantel. Er führt mich zu einem alten Haus, irgendwo am Rande der Stadt. Mit Blick aufs Meer. Darin haben wir eine gemeinsame WG. Auch Michael wohnt im Haus und backt den ganzen Tag Puddingtorten. Vor der Tür steht Romeo. Mittlerweile ist er nicht mehr silbern, sondern gänzlich golden. Er ist vollgetankt und bereit für eine neue Reise.

Während meines Traums wird mir klar, dass ich niemals nach Bochum zurückgekehrt bin, dass ich die Schauspielschule abgebrochen habe und jetzt als Reisender mein Leben lebe.

»Good morning, Jonas.«

Ich öffne die Augen. Vor mir steht Michael mit einem Teller Rührei und einer Tasse Kaffee. Es dampft und duftet.

»I've got some breakfast for you.«

Ich setze mich auf und gähne.

»What time is it?«, frage ich.

»It's half past eight. I open up at nine. Then you'll have to leave.«

Ich bedanke mich für das fürstliche Frühstück und fange an zu essen.

Um Punkt neun macht Michael den Laden auf. Ich schleppe mein Gepäck nach draußen und umarme ihn zum Abschied.

»If you need a place to sleep, you know where you can find me«, sagt er schlicht und lächelt.

Dann erscheinen die ersten Gäste und ich schwinge mich auf Romeo.

Um kurz nach neun parke ich im Viertel Temple Bar auf einem breiten Bürgersteig, nicht weit vom Büro des Fringe Festivals. Das macht allerdings erst um zehn auf. Brandon kommt und übergibt mir meine Flyer.

Ich setze mich auf den Bordstein in die Morgensonne und krame Huck hervor. Mein kleiner Kunststofffreund ist mir in den vergangenen zwei Wochen mächtig ans Herz gewachsen. Er hat in entscheidenden Momenten oft den nötigen Charme mit eingebracht. Ob er mir nun auch zu meiner pünktlichen Rückkehr verhelfen wird? Heute ist Mittwoch, der 17. August 2005. Nach Ablauf des Tages verbleiben mir vier Tage, um Bochum rechtzeitig zu erreichen.

Ich stelle Huck auf den Bordstein und genieße die wärmer werdenden Sonnenstrahlen im Gesicht. Irgendwie ist es ja auch spannend, nicht sicher zu wissen, ob ich meine Reise rechtzeitig abschließen kann. Andererseits wäre es ärgerlich, wenn ich mein erstes Theaterengagement aufgrund eines leeren Tanks in England absagen müsste.

Um 10:15 Uhr taucht Brandon auf, mit einer Tragetasche voller Obst.

»Sorry for the delay. I couldn't find the key.«

Er bietet mir einen Apfel an.

»Did you enjoy flyering yesterday?«

»Yes«, sage ich und folge ihm ins Innere. »I feel at home now.«

Brandon öffnet die Tür zu einer Abstellkammer.

»You can leave your baggage here«, sagt er und öffnet einen großen Pappkarton.

Ich verstaue mein Gepäck, ziehe mir das pinke Fringe-Shirt über und fange an, meinen Gitarrenrucksack mit Flyern vollzustopfen.

»Do you think you'll finish your love-trip in time?«, fragt Brandon beim Hinausgehen.

»I don't know«, antworte ich. »It depends on how fast I can earn the money I need.«

Um elf Uhr stehe ich wieder auf der Grafton Street und verteile pinke Flyer an Passanten, fast schon routiniert. Mittlerweile verfüge ich über ein gewisses Standardrepertoire an Sprüchen, Seufzern und Lauten der Begeisterung. Pragmatismus ist heute die Devise. Je schneller ich die Flyer verteilt habe, desto mehr Zeit bleibt mir, um das restliche Geld für meine Fährfahrt von England nach Frankreich zu verdienen. Und für das nötige Benzin natürlich.

Brandon hat mir angeboten, dass ich heute bei ihm übernachten kann. Er wohnt zur Untermiete in einer hellen Altbauwohnung ganz in der Nähe des Festivalbüros. Bis dahin gilt es jedoch, noch mehrere Hundert Flyer zu verteilen.

Nach zwei Stunden bin ich die breite Einkaufsstraße einmal hoch- und einmal runtergelaufen. Noch immer ist mein Rucksack schwer wie Blei. Um etwas Abwechslung in meinen Flyeralltag zu bringen, verlasse ich das rege Einkaufstreiben und schlage mich in die verwinkelten Gassen westlich der Grafton Street. Dort sind weniger Menschen, dafür stoße ich auf etliche kleine Cafés und Boutiquen, in denen ich gleich mehrere Flyer hinterlegen kann. Meistens sind die Menschen mir und meinen Werbeambitionen gegenüber freundlich eingestellt. Nur einmal, beim Betreten eines Uhrmachers, als ich gerade im Begriff bin, meine

Flyer zu zücken, schimpft mir ein alter Mann entgegen: »Don't even think about it!«

Um 15:30 Uhr stehe ich am Castle Market an eine rote Backsteinwand gelehnt und rauche eine Zigarette. Mein Flyervorrat ist fast aufgebraucht. Die Sonne brennt vom Himmel und ich bin nass geschwitzt. Auf dem Bürgersteig der gegenüberliegenden Straßenseite sitzen zwei Mädchen. Vor ihnen steht eine rote Plastikbox und ein aufgeklapptes Pappschild. Eine der beiden trägt einen langen Zopf und zwei verschiedenfarbige Schuhe, einen roten und einen grünen. Das andere Mädchen trägt einen grünen Filzhut und sitzt auf einem Seesack.

Neugierig trete ich näher, um zu lesen, was auf dem Schild steht. Als ich die andere Straßenseite erreicht habe, rutscht das Mädchen mit den bunten Schuhen in einen Spagat. Ihre Freundin steht auf und klatscht in die Hände.

»Ladies and Gentlemen! Come closer!«, ruft sie.

Dann setzt sie sich wieder und beide fangen an zu lachen.

»We need money for new socks«, steht auf dem Schild neben der roten Box. Jetzt muss auch ich lachen. Meinen die das ernst?

»Does it work?«, frage ich die zwei.

»Have a look«, antwortet das Mädchen mit dem Filzhut und zeigt lächelnd auf die Box. Zu meiner Überraschung ist die Box voll mit Geld.

Wir kommen ins Gespräch und Ola und Ada erzählen mir ihre Geschichte. Die beiden sind beste Freundinnen, kommen aus Krakau, haben gerade Abitur gemacht und sind für eine Woche nach Dublin geflogen, um das zu feiern. Ola mit dem grünen Filzhut träumt davon, irgendwann für die polnische Botschaft zu arbeiten. Und Ada mit ihren bunten Schuhen steht voll auf James Dean. Die Idee mit den Socken ist der puren Langeweile des gestrigen Tages zu verdanken. Jetzt erwirtschaften sich die beiden damit eine nette Nebeneinnahme für ihren Urlaub, gelegentlich aufgepimpt durch akrobatische Einlagen von Ada und entsprechende Kommentare von Ola.

Nach unserem ersten Kennenlernen ist mir das Erfolgsrezept der beiden klar: Sie sind nicht nur hübsch und charmant, sie verfügen zudem über eine ordentliche Portion Humor. Wer kann da schon Nein zu neuen Socken sagen?

In der nächsten Stunde unterhalten wir uns über Gott und die Welt. Ola erzählt mir von der Schönheit Krakaus, den vielen Cafés und der Kunstszene. Ich erzähle ihr von meiner Reise, von meinem Roller Romeo und von Huckleberry. Währenddessen macht Ada fleißig Akrobatik. Ihr Körper scheint aus Gummi zu sein. Sie gleitet vom Spagat in einen Handstand, vom Handstand dann in eine Brücke. Immer wieder halten Leute an, greifen in ihr Portemonnaie, schmunzeln über das Pappschild und werfen Geld in die rote Box.

Ich denke an meinen Traum. An das Haus am Meer und an das Gefühl, dass diese Reise niemals enden muss. Vielleicht sollte ich auch ein Pappschild basteln und Romeo danebenstellen: »We need money for new petrol«.

Ab und zu mache ich dann einen Handstand und lächle. So könnten Romeo, Huck und ich einmal um die ganze Erde reisen.

Es ist 17 Uhr. Ola schreibt mir zum Abschied etwas in mein Tagebuch und Ada malt darunter ein Strichmädchen im Spagat. Dann umarmen wir uns alle drei und versprechen uns, uns nach unserer Heimkehr zu schreiben. Schweren Herzens trete ich meinen Rückweg an.

Als ich um 17:30 Uhr wieder im Festivalbüro stehe, ist mein Rucksack bis auf den letzten Flyer geleert. Der Job ist erledigt und vor mir sitzt Wolfgang. Er bedankt sich und gibt mir die Hand.

»Willst du nicht länger bleiben? Und dir selbst einen Eindruck von *Romeo und Julia* in Breakdanceform verschaffen? Schließlich hast du die letzten zwei Tage dafür geworben.«

Er lacht mich an.

»Liebend gerne«, erwidere ich.

»Wäre da nicht noch diese Frau in Bochum, die mich zu dieser ganzen Nummer inspiriert hat, würde ich dein Angebot glatt annehmen. Außerdem beginnt am Montag mein erstes Theaterengagement. Da sollte ich besser anwesend sein.«

»Völlig richtig«, sagt Wolfgang. »Deshalb habe ich auch ein Angebot für dich.«

Er steht auf und führt mich zu seiner Kollegin. Sie trägt den keltischen Namen Maedhbh und hat kristallklare Augen. Wolfgangs Angebot bietet folgende Möglichkeiten: Entweder nehme ich jetzt meine vereinbarten 100 Euro Gage entgegen, oder aber seine Kollegin Maedhbh bucht mir alternativ dazu ein Fährticket vom irischen Hafen Rosslare zum französischen Hafen Roscoff. Das Ticket kostet um die 120 Euro und muss zeitnah gekauft werden, da die Fähre nahezu ausgebucht ist. Damit würde ich zwei Fährfahrten mit einer Klappe schlagen und müsste dann nur noch von der Nordwestküste Frankreichs zurück nach Bochum fahren.

»Das klingt großartig!«

Ich bin begeistert. Wolfgangs Mitdenken rückt das Ziel meiner Rückreise in greifbare Nähe.

»Wann geht die Fähre?«

»Da liegt der Haken«, antwortet Wolfgang. »Die Fähre geht am Samstag um 16 Uhr und wird erst am Sonntag um 10:30 Uhr das französische Festland erreichen.«

Jetzt ist guter Rat teuer. Wie soll ich mich entscheiden? Wenn ich die Fähre nehme, lande ich zwar in Frankreich und bin nur noch durch Festland von meinem Ziel getrennt, allerdings bleiben mir auch nur noch neunzehn Stunden, um vor Sonnenaufgang des achtzehnten Tages wieder vor Magdalenas Tür zu stehen und die Reise da zu beenden, wo sie angefangen hat. Und das sind über 1000 Kilometer. Zudem sind meine bescheidenen Französischkenntnisse nicht gerade hilfreich bei einer möglichen Jobsuche in Frankreich, die angesichts der geringen verbleibenden Zeit sowieso hinfällig wäre.

Sprach- und jobtechnisch wäre da die Route über

England sicherlich geeigneter. Sie ist mir zudem vertraut. Und wenn ich heute Nacht noch eine Fähre nach England finden würde, hätte ich immerhin vier volle Tage für die Rückreise. Allerdings hat die Hinreise gezeigt, dass das Wechselspiel von Geldverdienen und Vorwärtskommen durchaus zeitintensiv sein kann. Ganze neun Tage hat es immerhin gedauert, um Dublin zu erreichen. Und wenn mir tatsächlich unterwegs der Sprit ausgeht, könnte ich nicht mal nach Hause laufen, schließlich wartet da ja noch die zweite Fährfahrt von Dover nach Calais.

Ich denke an meinen weißen Rollerhelm mit der goldenen 17. Hat der liebestrunkene Romantiker womöglich etwas zu hoch gepokert? Oder ist ihm die Magie der Zahlen bis zum Schluss gewogen?

Bevor ich eine Entscheidung treffen kann, bitte ich Wolfgang um zehn Minuten Bedenkzeit. Ich verlasse das Büro und gehe die Treppe runter. Brandon steht in der Abstellkammer auf einem Barhocker und sortiert Plakate in ein Regal. Ich gehe zu meinen Sachen und schnappe mir den Helm. Hinten Bochum, vorne Dublin und obendrauf die 17. Das Reiseziel ist klar definiert. Da ist nichts zu machen.

Brandon sieht mich an und fragt: »Are you leaving?«

»I'm not sure«, sage ich.

Dabei fällt mein Blick auf Brandons Barhocker.

Zwei Minuten später stehe ich wieder vor Wolfgang und Maedhbh. Beide gucken mich erwartungsvoll an.

»Ich nehm die Fähre!«

»Viel Glück!«, sagt Wolfgang und schreibt mir zum Abschied in mein Tagebuch:

Der Mensch ist nur da ganz Mensch, wo er spielt.
FRIEDRICH SCHILLER

Maedhbh bucht mein Ticket und druckt mir die Wegbeschreibung zum Hafen von Rosslare aus. Dort wartet mein Ticket am Samstag auf meine Ankunft. Dann malt sie mir ein goldenes Kleeblatt auf den Helm und schreibt die folgenden Zeilen in mein Tagebuch:

May the road rise to meet you.
May the wind be always at your back.
May the sun shine warmly upon your face.
May the rain fall softly upon your fields.
And until the Fringe meets you again,
May God hold you in the palm of his hands.

Jetzt ist es kurz nach sieben und ich stehe wieder vor dem grinsenden Clown und esse Burger. Diesmal allerdings nur drei, um mir die gestrige Toilettentortur zu ersparen.

Mein Plan hat funktioniert: Mithilfe von Brandons Barhocker konnte ich mein Comeback auf der Grafton Street feiern. Die Zeit der Mülltonnen ist Vergangenheit. Meine neue Bühne besteht aus Kirschholz und ist handgefertigt. Zwar ist sie etwas schmaler, dafür aber ein Stück höher und von schlichter Eleganz. Sie ist ein mehr als würdiger Ersatz. Die Gage für meinen ersten Auftritt beträgt ganze 3,85 Euro. Und das nach gerade einmal zwanzig Minuten. Ich fühl mich wie ein Rockstar!

»How is Romeo?«, fragt mich Marc, der Junge von gestern. Diesmal ist er allein mit Rebecca. Die beiden stehen Hand in Hand vor mir und grinsen wie auf Drogen.

Ich fühle mich geschmeichelt. Man spricht mich auf offener Straße an und fragt nach dem Befinden meines Gefährts. Ich komme mir vor wie eine lokale Berühmtheit.

»He's resting«, sage ich und schlucke das letzte Stück Burger herunter.

Ich bin mit Brandon um 21 Uhr vor dem Festivalbüro verabredet, um zusammen mit meinem Gepäck und dem Barhocker in seine Wohnung umzuziehen.

Jetzt ist es Viertel nach acht. Ich stehe in einer kleinen Gasse in Temple Bar und lausche einer französischen Gitarristin. Sie trägt ein blaues Kopftuch und spielt auf einer roten E-Gitarre. Ihre Augen sind geschlossen und ihre Stimme ist voller Traurigkeit. Immer mehr Menschen bleiben stehen und lauschen ihren Songs. Einige Leute haben Tränen in den Augen.

Plötzlich, als die von ihr geschaffene Melancholie kaum mehr zu ertragen ist, reißt sie ihre Augen auf und schenkt ihren Zuhörern ein wunderschönes Lachen. Im selben Moment wechselt sie Melodie und Rhythmus und fängt wieder an zu singen. Diesmal allerdings mit einer Leidenschaft und Freude, die die Menschen in kürzester Zeit zum Tanzen bringen. Dabei wandern die

Augen der Französin durchs Publikum und suchen Kontakt mit jedem der Anwesenden.

Schließlich wird ihr Rhythmus derartig ansteckend, dass ich mich neben sie setze und anfange, sie mit meinen Händen zu begleiten. Ich klatsche ihren Beat einfach auf den Bordstein. Daraufhin fängt sie an, mit ihren Fingern gekonnt auf der Gitarre zu klackern. Eine Italienerin setzt sich neben mich und ergänzt das gerade entstehende Orchester mit einer gläsernen Colaflasche.

»Bellissimo!«, ruft sie und schlägt mit ihrem Kamm gegen die Flasche.

Irgendjemand auf der anderen Straßenseite fängt an, in regelmäßigen Abständen auf einen Mülleimer aus Metall einzuschlagen. Aus der Menschenmenge sind immer wieder Freudenjauchzer zu hören. Zu guter Letzt fängt vor uns ein kleiner Junge an zu steppen.

Dann spielt die Französin einen allerletzten Akkord und die Session ist beendet. Alle applaudieren sich gegenseitig und feiern diese spontane Zusammenkunft. Es fliegen haufenweise Geldmünzen durch die Luft. Die Französin ruft ein freudvolles »Merci beaucoup!« und packt ihre Gitarre ein.

Es ist kurz vor elf. Brandon und ich sitzen auf dem Fußboden in seiner schönen Altbauwohnung mitten im Viertel Temple Bar. Auf dem Boden stehen ein silberner Kerzenständer mit drei brennenden Kerzen und eine Flasche Rotwein. Die gesamte Wohnung ist weiß. Wände, Möbel und sogar der Fußboden.

Brandon erzählt mir von seiner Schauspielausbildung

in New York und davon, dass er gerade mit einer internationalen Gruppe junger Schauspieler *Hamlet* erarbeitet. Aus reiner Leidenschaft am Spielen. Ganz ohne Geld. Zumindest vorerst. Die Proben dazu finden an einem Strand südlich von Dublin statt.

»We still need a Laertes«, sagt er und lächelt mich verführerisch an.

»Wow!«, antworte ich und ziehe meine Motorradstiefel aus.

»Holy shit!«, ruft Brandon und rutscht ein Stück weg.

Dabei rümpft er angewidert seine Nase. Jetzt rieche ich es auch: meine Socken. Sie riechen abartig. Wie ein verwesender Kadaver. Das letzte Mal habe ich sie vor einer Ewigkeit gewechselt.

»I'm sorry, Brandon«, sage ich schamerfüllt. »I didn't know they would smell like that.«

Brandon steht auf und öffnet das Fenster. Dann geht er in die Küche, kommt wieder und reicht mir eine Plastiktüte.

»You should get rid of them.«

Er hält sich die Nase zu und grinst.

»I'll give you some of mine.«

Es ist kurz vor Mitternacht. Brandon ist ins Bett gegangen und hat mir nahegelegt, eine Dusche zu nehmen. Das letzte Mal habe ich mich im Bungalow von Catherine und ihrer Familie gewaschen. Das ist vier Tage her. Irgendwie verändert sich die eigene Körperhygiene auf Reisen, tritt eher in den Hintergrund und wird bisweilen auch mal völlig vergessen. Umso genussvoller ist es jetzt, den Schweiß der vergangenen Tage loszuwerden und mich mit Brandons Grapefruit-Shampoo einzureiben.

Mir gegenüber hängt ein großes Foto vom Himalaya. Brandon hat erzählt, dass seine Wohnung einer Frau gehört, die als eine der ersten Frauen der Welt den Mount Everest bestiegen hat. Jetzt ist sie gerade wieder im Himalaya und möchte erneut den höchsten Berg der Welt erklimmen. So lange gehört ihre Wohnung ihm.

Beim Abtrocknen denke ich an Brandons leidenschaftliche Schilderung seines *Hamlet*-Projekts. Eine Gruppe junger Schauspieler geht einfach an den Strand und spricht Shakespeare, ohne dass jemand sie dafür bezahlen würde. Einfach so. Weil's Spaß macht. Und natürlich, weil *Hamlet* eins der geilsten Stücke der gesamten Weltliteratur ist.

Aber ganz davon abgesehen, bin ich fasziniert von der bloßen Initiative. Einfach machen. Handeln, statt zu warten, bis einen irgendwann irgendwer irgendwohin engagiert, um dann dafür bezahlt zu werden, dass man das spielt, was dieser Irgendwer von einem verlangt.

Von überschäumendem Idealismus durchdrungen setze ich meine vernachlässigte Körperpflege fort und putze mir die Zähne. Dann mache ich das Licht aus und gehe schlafen.

Tag 14

»You smell great today!«, sagt mir Brandon beim Frühstück.

Er hat frische Pancakes gemacht. Dazu gibt es kanadischen Ahornsirup.

»If your performance is as good as you smell, I'm sure you'll make it in time.«

Brandon grinst und ersäuft seine Pfannkuchen in einem Meer von Sirup.

»But hurry up.«

Brandon hat recht. Nur noch zwei Tage bleiben mir, um das notwendige Benzin- und Proviantgeld für meine gesamte Rückfahrt zu verdienen. Und da sich mein augenblickliches Gesamtvermögen auf ganze null Euro beläuft, werde ich die mir verbleibende Zeit meinem bisher erfolgreichsten Gewerbe in Dublin widmen: dem Straßentheater.

Mein heutiges Einsatzgebiet: die Grafton Street.

Meine dafür benötigten Requisiten: ein Barhocker, eine schwarze Halbmaske und ein blaues Kopftuch.

Um Punkt elf habe ich meinen Platz gefunden, genau in der Mitte der Grafton Street vor einem Einkaufsladen von Chanel. Im Schaufenster hinter mir befindet sich ein einziges Paar Stöckelschuhe. Die sind besetzt mit großen Diamanten und kosten 25 000 Euro. Die Theatralik dieses Bildes inspiriert mich zu einer ersten Pose: Mein linker Zeigefinger zeigt auf die Schuhe mit den Diamanten. Mein rechter Zeigefinger verharrt vor meinen gespitzten Lippen. Dann krümme ich meinen Rücken und ziehe die Schultern hoch, wie der bucklige Wächter eines Schatzes, der zu dringendem Stillschweigen ermahnt.

Und es funktioniert. Kaum bin ich eingefroren, treten zwei ältere Damen näher. Sie sind über und über mit goldenem Schmuck behangen. Neugierig betrachten sie mich.

»What's your secret, little pirate?«, fragt die größere der beiden und schenkt mir einen süffisanten Blick.

Mein Mund formt sich zu einem Lächeln. Daraufhin ruft die kleinere der beiden: »Shoes! How lovely! Shoes with diamonds!«

Freudvoll tippeln die Damen zum Schaufenster und betrachten die von mir angepriesenen Stöckelschuhe. Dabei entspinnt sich ein leidenschaftlicher Dialog über die Vor- und Nachteile von hochhackigen Schuhen. Außerdem scheinen sie echte Expertinnen auf dem Gebiet von Edelsteinen zu sein. Während die größere der beiden Diamanten grundsätzlich für dekadent hält, ist die kleinere hin und weg von der Größe der Steine.

Als sie zu mir zurückkehren, legt mir die kleinere der beiden Damen einen Fünfeuroschein in den Gitarrenrucksack und sagt: »You're doing a great job for Chanel!«

Daraufhin legt die größere ein Zweieurostück dazu und seufzt: »She's crazy about diamonds.«

Dann tippeln sie weiter und ich entspanne meinen buckligen Rücken. Wer hätte das gedacht? Kurz mal zum Werbemaskottchen von Chanel mutiert, und schon bist du 7 Euro reicher. Viel Zeit für einen Freudentaumel bleibt mir allerdings nicht. Kaum ist mein Rücken wieder gerade, bin ich umringt von Kindern. Die starren mich an und schreien: »Move! Move! Move!«

Ihr Wunsch sei mir Befehl. Ich hebe langsam meine Hände und blase dabei meine Backen auf. Dann friere ich ein und beginne mechanisch zu winken. Dabei lasse ich die Luft aus meinen Backen furzen und schenke den Kindern ein breites Grinsen. Ein Mädchen mit zwei roten Zöpfen streckt mir daraufhin die Zunge raus. Ein dicker Junge zeigt mir seinen Mittelfinger. Die anderen Kinder fangen hysterisch an zu schreien. Plötzlich taucht eine Frau mit Brille auf. Sie redet auf die Kinder ein und versucht sie zu beruhigen. Leider vergebens. Das Geschrei wird immer lauter. Dann fängt meine Bühne auch noch an zu wackeln. Irgendwer steht hinter mir und tritt gegen meinen Hocker, mit wachsender Brutalität. Ich bekomme Schiss.

Schließlich nehm ich meine Hände wieder runter und gehe in die Hocke. Da zeigt mein Angreifer sein Gesicht. Es ist der dicke Junge mit dem Mittelfinger. Er grinst mich an und sagt: »Loser!«

Zu meinem Glück packt ihn jetzt die bebrillte Frau am Arm und schreit: »Stop that!«

Dann wirft sie mir einen Euro in die Tasche, zieht

den Jungen hinter sich her und schimpft: »We're going now!«

Die Kinder drehen sich um und folgen ihr.

»Hör auf deinen Instinkt. Ansonsten bist du verloren.«

Das hat mein Grundlagenlehrer Dieter Braun immer zu mir gesagt. »Ohne seinen Instinkt ist der Schauspieler nichts anderes als eine willenlose Marionette.«

In den vergangenen zwei Jahren Schauspielschule haben wir viel daran gearbeitet, den eigenen Instinkt zu schulen. Wann mache ich wo was? Welche Zeit nehme ich mir dafür? Und vor allem: Auf welche mir eigene Art und Weise?

Möchte man dabei auf einen fremdbestimmenden Marionettenspieler verzichten, muss man den eigenen Instinkt ausbilden, die eigene Wahrnehmung schulen, sowohl in Bezug auf sich selbst als auch auf das jeweilige Gegenüber. Diverse Monologe und Duoszenen gepaart mit etlichen Sprach- und Körperübungen waren dafür unser bisheriges Experimentierfeld. Dann kam unsere Shakespeare-Inszenierung im Bochumer Schlosspark. Und jetzt stehe ich auf einem Barhocker in der Dubliner Fußgängerzone. Es ist das erste Mal in meinem jungen Schauspielerleben, dass ich ganz auf mich allein gestellt bin. Kein Regisseur, kein Lehrer und kein Partner. Niemand, der mir sagt, was ich wann wo wie zu tun habe. Das Einzige, was da ist, ist mein Barhocker als Bühne und ein nicht enden wollender Publikumsstrom.

Um den eigenen Instinkt zu wecken, bedarf es wacher

Sinne. Und wach, das bin ich jetzt! Die Kinder haben mir gezeigt, dass auch nur ein einziger unwachsamer Moment das jähe Ende einer vielversprechenden Bühnenkarriere bedeuten kann.

Also: Sei wachsam für dein Gegenüber und reagiere instinktiv. Entscheidend ist nicht, was du dir ausgedacht hast, sondern wie du auf das, was dir begegnet, reagierst.

Ich stehe wieder auf und friere mit verschränkten Armen ein. Vor mir steht ein schwules Pärchen.

»Do something nice!«, ruft der hübschere der beiden Jungs und wirft mir Geld in meine Tasche.

Jetzt heißt es, lediglich meinem Instinkt zu folgen. Wach, wie ich bin, werfe ich dem Jungen meine rechte Kusshand zu. Meine linke Hand bettet sich auf meinem Herzen. Dann fängt mein linkes Auge an zu zwinkern. Der hübsche Junge beginnt zu lächeln und erwidert meine Kusshand.

»Who the fuck are you!?«, mischt sich daraufhin sein Freund ein.

Er wirft mir einen vernichtenden Blick zu und sagt: »He's my boyfriend!«

Er schnappt sich die Hand seines hübschen Freundes und will gehen.

Dieser lächelt mich noch immer an und sagt: »Take it easy. He's just an actor.«

»I don't give a shit for actors!«, brüllt jetzt sein Freund und geht.

»Bye bye«, ruft mir der hübsche Junge zu und winkt.

Dann rennt er seinem aufgebrachten Partner hinterher.

Der Tag nimmt seinen Lauf. Die Stunden vergehen. Leute kommen und gehen und ich erforsche lustvoll das instinktive Spiel. Mal mehr, mal weniger erfolgreich. Alles in allem verläuft der Tag zu meiner Zufriedenheit. Die Iren sind spendabel. Gegen 16 Uhr ist mein Gitarrenrucksack voll mit Münzen. Ich bin erschöpft und kurz davor, mein Programm für heute abzuschließen. Noch bin ich jedoch verhaftet in der Statue eines Cowboys. Meine beiden Hände sind Pistolen. Die rechte zielt ins Publikum. Die linke zielt an meine Schläfe. Dabei zeigt der Cowboy seine zusammengebissenen Zähne.

Am Fuße meines Hockers steht ein kleines Mädchen. Ihr Vater möchte ein Foto von uns machen, doch dem Mädchen scheint das Ganze nicht wirklich zu behagen. Unsicher blickt sie zu mir hoch.

»Debby!«, ruft ihr Vater. »Give us a smile!«

Dann stellt er sich in Position und nimmt die Kamera vor sein Gesicht.

Die kleine Debby sieht mich skeptisch an und fragt: »Are you gonna shoot yourself?«

»Deborah!«, ruft jetzt ihr Vater sehr energisch. »Give us a smile!«

Deborahs Mutter steht neben ihrem Mann und ruft: »Be a good girl!«

Sie nickt ihrer Tochter dabei aufmunternd zu.

Da ich Deborah keine Antwort geben kann, lässt sie schließlich ab von mir und blickt nach vorn zu ihren Eltern. Die Mutter winkt nun voller Freude und der Vater macht das Foto. Da fängt Deborah an zu schreien. Es ist ein Schrei der Angst. Ein Schrei des Entsetzens und der

Panik. Dann rennt Deborah in die Menge und ist weg. Ihre Eltern rennen panisch hinterher.

Was ist passiert? Hat meine Revolvernummer womöglich jetzt ein Mädchenherz verschreckt?

Verunsichert blicke ich mich um. Was zur Hölle!? Vor mir, da wo eben noch die Eltern von Deborah standen, steht jetzt ein Mann mit einer weißen Maske. Es ist die Maske aus *Freitag der 13.*, ein Horrorfilm der ganz besonderen Art.

Der Mann sieht in meine Richtung. Langsam wiegt er seinen Kopf von links nach rechts. Schließlich hebt er seine rechte Hand zum Gruß und winkt. Dann öffnet er seinen langen schwarzen Mantel und greift in seine Tasche. Wie versteinert verharrt mein Cowboy in seiner Position. An seiner Schläfe hat er noch immer den geladenen Revolver.

Ich bin gespannt, was jetzt passiert.

Der Mann geht langsam auf mich zu. Seine Augen hinter der weißen Maske fixieren mich. Schließlich steht er direkt vor mir. Er nimmt die Hand aus seiner Manteltasche und wirft mir ein paar Münzen hin. Erst dann schiebt er die Maske hoch und zeigt mir sein Gesicht.

Sean!

Sean ist gekommen, um mir Lebewohl zu sagen.

»For your performance«, sagt er auf seine monotone Art und überreicht mir seine Maske als Geschenk. Dann dreht er sich um und geht.

»Sean!«, rufe ich und laufe ihm hinterher.

Er dreht sich um und sieht mich an. Ich hole meinen

Schlüsselbund hervor. Daran hängt noch immer der Kompass meines Großvaters. Ich nehme ihn ab und übergebe ihn an Sean.

»May that help you to find your way«, sage ich.

Sean sieht mich an und sagt: »It was fun spending time with you.«

Er lässt den Kompass in seine Manteltasche rutschen und hebt die Hand.

Wir schlagen ein. Dann ist er weg. Und ich steh da mit seiner weißen Horrormaske. Meine Augen füllen sich mit Tränen.

Als ich um kurz vor sechs die Wohnung von Brandon betrete, höre ich Musik und Stimmen.

»Do you wanna join us?«, fragt mich Brandon, als ich ins Wohnzimmer komme.

Es ist voll mit Leuten.

»We've just finished our *Hamlet* meeting. Now we need to get drunk.«

Später sitze ich mit Brandon und seinen Leuten in einer Eckkneipe und trinke Guinness. Diesmal mit viel Zeit und Ruhe. Wir sprechen übers Theater. Über Shakespeare. Ob Hamlet eine Wahl hat, sich gegen seine Rache zu entscheiden oder nicht. Ob Ophelia und Hamlet schon mal Sex hatten. Und wie ein attraktiver Fechtkampf aussehen könnte.

Neben mir sitzt Luigi, ein Schauspieler aus Rom. Er hat grüne Augen und trägt einen Vollbart. Auf seinem Unterarm ist eine Tätowierung:

Odi et amo. Quare id faciam fortasse requiris.
Nescio. Sed fieri sentio et excrucior.

Ein Gedicht des römischen Dichters Gaius Valerius Catullus. Luigi erklärt mir, was es für ihn bedeutet:

»I hate and I love.
You may wonder why.
I cannot explain.
It's what I feel.
And what makes me suffer.«

Daraufhin bittet mich Luigi, ihm das italienische »Ti amo« ins Deutsche zu übersetzen.

»Ich liebe dich«, antworte ich ihm.

Er wiederholt es einige Male und bittet mich, ihm bei der richtigen Aussprache zu helfen. Das Gleiche machen wir daraufhin mit »Ti amo«, nur umgekehrt. Diesmal coacht Luigi mich.

»What are you guys doing?«, schaltet sich plötzlich Brandon ein. »Are you falling in love with each other?«

Eine Stunde später sind wir unter uns, Brandon, Luigi und ich. Mittlerweile sind wir beim vierten Guinness angekommen. Wir sind komplett besoffen und sprechen immer den gleichen Satz. Mal auf Englisch, mal auf Italienisch und mal auf Deutsch. Dabei forschen wir akribisch nach den Unterschieden und Gemeinsamkeiten von »I love you«, »Ti amo« und »Ich liebe dich«. Wir dehnen die Vokale, sprechen laut und hart, dann wieder sanft und voller Gefühl.

Irgendwann hängen wir Kopf an Kopf und sind längst weg vom eigentlichen Sinn der Sätze. Vielmehr sind es jetzt die bloßen Laute, die uns reizen. Wir machen »Aaah« und »Ooooh« und »Iiiiih«.

Eine Art alkoholisierter Sprechunterricht, gespeist aus New York City, Rom und Bochum. Als die Lautmalerei zu guter Letzt in einem einzigen Lallen mündet, ruft Brandon nach dem Kellner und bezahlt die Rechnung.

Um zwei Uhr morgens sitze ich auf Brandons weißem Fußboden und zähle mein Vermögen. Es ist kaum zu fassen! Im Schein der Kerzen funkeln knapp 50 Euro vor mir auf dem Boden. Um ganz genau zu sein: 48 Euro und 63 Cent. Das macht alles in allem, abzüglich meiner fünfundvierzigminütigen Mittagspause, einen Lohn von sage und schreibe zwölf Euro pro Stunde.

In Anbetracht meines alkoholisierten Zustands zähle ich das Geld ein zweites Mal, nur um sicherzugehen, dass ich nicht doppelt sehe. Aber es stimmt tatsächlich: Ich bin reich! Wenn ich das morgen wiederhole, hab ich meine Rückfahrt locker finanziert. Ach, was rede ich da?

Bei so viel Geld bleibt sogar Raum für anderes. Vielleicht Geschenke? Oder gar ein Souvenir! Ich könnte irgendetwas mit nach Deutschland bringen, das mich an diese Reise mein ganzes Leben lang erinnert. Auch Romeo kommt schließlich nicht als der zurück, als der er aufgebrochen ist. Auf ihm berichten goldene Tattoos von unserem Trip …

Das ist es: Ich lass mich tätowieren!

Tag 15

Es ist der Tag meiner Abreise. Ich werde Dublin heute Nacht verlassen und meine letzte irische Nacht bei Stella verbringen, der Ex-Schauspielschülerin aus Bochum. Ich habe sie mit Brandons Handy angerufen. Jetzt haben wir eine Verabredung, um 23 Uhr am Gate Theatre. Dort erwartet sie mich. Von da aus fahren wir gemeinsam zu ihrem Haus. Das liegt südlich von Dublin in einem kleinen Dorf.

Jetzt stehe ich mitten auf der Grafton Street. Die Sonne strahlt mich an. Vor mir steht eine große Vase voller Rosen. Sie sind rot und duften. Eine Blumenverkäuferin mit langem weißem Haar topft gerade eine Palme um. Aus einem alten Radio unter einem gelben Sonnenschirm erklingt *Wish You Were Here*. Wie angewurzelt starre ich auf die Rosen vor mir.

Dann bin ich plötzlich wieder am Flughafen Düsseldorf Weeze. Ich wuchte mich über die transparente Besucherwand und rufe »Arrivederci!«. Magdalena dreht sich um und lächelt. Ihr Lächeln will mir etwas sagen, da bin ich sicher.

Vielleicht: »Ich mag dich mehr, als ich mich bisher getraut habe dir zu zeigen.«

Oder: »Warte auf mich, bis ich zurück bin.«

»We're just two lost souls swimming in a fish

bowl …«, Pink Floyd ruft mich zurück ins Hier und Jetzt.

Mittlerweile ist es zwei Wochen her, dass Magdalena nach Rom geflogen ist. Wahrscheinlich ist sie längst zurück in Bochum. Dann ist sie zu Hause, wenn ich wiederkehre. Dann wird sich sicher auch das Rätsel ihres Lächelns lüften … Noch immer betrachte ich die roten Rosen.

»You love roses, don't you?«, fragt mich die Blumenverkäuferin und lächelt.

Ich nicke.

»Your roses are beautiful.«

Sie nimmt eine Rose aus der Vase und gibt sie mir.

»May that rose bring some joy into your day.«

Gegen 13:30 Uhr stehe ich wieder auf meinem Barhocker und bin bereit, das blaue Kopftuch, die schwarze Maske und die rote Rose in der Hand. Mein Vermögen ist bereits beachtlich. Im Hinblick auf meinen Wunsch nach einer Tätowierung sollte meine Reisekasse jedoch noch etwas wachsen.

Noch weiß ich nicht, welcher Art die Tätowierung sein soll. Doch ich bin fest entschlossen. Ich möchte dieser Reise ein Denkmal setzen, und zwar auf meinem Körper. Und der Platz dafür steht fest: mein linker Oberarm.

Das Geschenk der Blumenverkäuferin beflügelt mich in meinem Spiel. Die Rose wird zu meinem Zepter, Schwert und Zauberstab. Sie inspiriert mich zu immer neuen Bildern. Ein Ritter, der zur Schlacht ruft. Ein Zauberer, der bereit ist, zu verzaubern. Und ein König, der königlich auf seinem Throne thront. Dann frieren meine Arme in der Haltung eines Bogens ein. Die Rose ist der Pfeil und ich der Bogenschütze. Damit ziele ich auf die Menschen, die vorüberziehen. Die Reaktionen sind verschieden. Mal bekomme ich ein Lachen, mal ein Staunen und mal ein großes Fragezeichen. Die Rose erweist sich spielerisch wie kommerziell als nützlich. Sie zieht die Menschen an, wird zum Auslöser gelegentlicher Flirts und amouröser Augenblicke. Sie macht mein Spiel zunehmend freier. Ich überlasse mich dem Fluss und entscheide instinktiv, wann ich erstarre und wann ich mich bewege.

Um den eigenen Instinkt zu wecken, und hier spricht wieder einmal Dieter Braun, bedarf es wacher Sinne. Das Sehen, Hören, Riechen. Das Schmecken und das Tasten. Dafür gilt es, das Bewusstsein gezielt dem jeweiligen Sinn zu widmen und ihn zu wecken, ihn spielerisch zu stimulieren und zu schulen. So eröffnet deine sinnliche Wahrnehmung dir ein Feuerwerk aus richtungsweisenden Impulsen. Und dein Instinkt entscheidet, welchem Impuls und welcher Richtung zu folgen dir beliebt.

So nimmt mein Blick für die Passanten rasch an Schärfe zu. Manchmal grüße ich die potenziellen Gäste meiner Show schon aus weiter Ferne, weil mir eine bestimmte Art in ihrem Gang, in ihrer Gestik oder auch in ihrer Kleidung einen Hinweis darauf gibt, dass ich mit meiner Rose einen Nerv bei ihnen treffen kann. Das zahlt sich aus.

Nachdem ich einer wunderschönen Frau mit langen dunklen Locken zum Abschied mit der Rose winke, fällt mein Blick in meinen Rucksack. Da liegen ein Schein und viele Münzen. Voller Inbrunst spanne ich nun wieder meinen Bogen. Da bleibt ein Punkerpärchen vor meinem Hocker stehen. Er trägt eine Jacke voll mit Nieten und hat einen blauen Irokesenschnitt. Sie hat kurz rasierte Haare und vorne eine pinke Strähne. Auf ihrem T-Shirt grinst ein Totenkopf.

»Hey, Cupid!«, ruft sie. »Why don't you fucking shoot me? I'm ready to love!«

Daraufhin boxt sie ihrem Punkerfreund in seine rechte Seite. Der stöhnt auf und grinst. Ihr Wunsch sei mir Befehl. Mein Bogenschütze zielt nun auf das Herz der pinken Punkerin. Er spannt die Rose bis zum Anschlag und lässt los. Die Punkerin fasst sich mit beiden Händen an ihr Herz und öffnet schmerzerfüllt ihren gepiercten Mund. Dann springt sie ihrem Punkerfreund an seinen Hals. Der küsst sie daraufhin mit voller Leidenschaft. Beide kriegen einen Lachflash und werfen mir ihr Kleingeld hin.

Ich bin beeindruckt. So viel Spielfreude gehört belohnt. Ich löse die Rose aus ihrem Bogen und werfe sie den beiden Liebenden zu Füßen. Die pinke Punkerin hebt sie freudig auf und gibt sie ihrem Freund. Dann macht sie einen Knicks und ruft: »Hell yeah!«

Ich winke den beiden hinterher und klettere von meinem Hocker. Es ist Zeit für eine Pinkelpause. Als ich mein Geld aufsammle, fängt jemand an zu klatschen. Ich drehe mich um und sehe Ola und Ada, die beiden

Freundinnen aus Krakau. Während Ada mir Applaus schenkt, steht Ola grinsend daneben und ruft: »How are you, Cupid?«

Ich gehe pinkeln. Ola und Ada bewachen in der Zwischenzeit meinen Hocker und mein Geld. Sie sind wie ich auf Straßentournee. Dafür haben sie ihre rote Plastikbox und auch ihr Pappschild mitgebracht. Ihr Konzept, Geld für neue Socken zu sammeln, war bisher äußerst erfolgreich. Jetzt haben sie Lust auf ein gemeinsames Programm.

»Can we join you?«, fragt mich Ola, als ich zurückkehre.

»Why not?«, antworte ich und klettere hoch auf meinen Hocker.

In der nächsten Stunde bilden Ola, Ada und ich eine recht eigensinnige Allianz: Auf einem Barhocker steht ein kleiner Mann mit schwarzer Maske, der immer wieder einfriert. Wirft man Geld in seine Tasche, taut er wieder auf. Daneben sitzen zwei Mädchen auf dem Boden und sammeln Geld für neue Socken.

Doch wir ergänzen uns: Der schwarz maskierte Wächter steht auf seinem Hocker und lockt die Menschen schon von Weitem an. Dann treten sie näher und stoßen auf die hübschen Mädchen und ihr Pappschild. Alles Weitere läuft wie von selbst. Ada betört mit Akrobatik und Ola mit gewitzten Kommentaren. Und wenn das immer noch nicht reicht, um etwas Kleingeld zu lockern, entspinnt sich zu guter Letzt ein dramatisches Finale zwischen Ada und ihrem schwarz maskierten Wächter.

Um 15:30 Uhr sitzt Ada im Spagat vor meinem Hocker und ist eingefroren. Sie ist barfuß. Ich stehe über ihr, ebenfalls eingefroren, wie ein Magier, der sie mit beiden Händen auf magische Weise zu Boden drückt. Ola läuft im Kreis um uns herum und ruft: »Ladies and Gentlemen! My sister has been captured by an evil magician! Come closer and help her escape!«

Und es funktioniert. In kürzester Zeit sind wir umringt von schaulustigen Menschen. Ola tritt beiseite und zeigt auf Adas einzige Rettung. Die rote Plastikbox. Schließlich drückt ein Opa seinem Enkel etwas Kleingeld in die Hand und schickt ihn los. Der Junge geht zur roten Box und lässt zwei Euro fallen. Daraufhin beginnt die Improvisation: Ada fängt an zu ruckeln. Dabei löst sie sich aus dem Spagat und ruckelt sich in einen Handstand. Währenddessen bin auch ich am Ruckeln. Mein Magier ist bemüht, seine Gefangene am Boden festzuhalten. Und die kämpft sichtlich mit den unsichtbaren Kräften. Immer wieder sieht es so aus, als ob der Magier sie bezwingen kann. Doch am Ende steht sie dann im Handstand. Wie eine Grazie. Sie knickt ihre Beine ein und läuft auf ihren Händen davon. Währenddessen sackt der Magier in sich zusammen. Zum Abschluss hält Ola eine kurze Rede. Dabei weist sie auf die existenzielle Bedeutung von Socken hin. Die Leute lachen. Dann klatschen sie und lösen sich von ihrem Kleingeld.

Um 16 Uhr ist unser Spiel vorbei, ich packe meine Requisiten ein. Anschließend zählen wir das Geld. Der Lohn für mein eineinhalbstündiges Solo liegt bei 16

Euro und 53 Cent. In der gemeinsamen Stunde mit Ola und Ada sind ganze 17 Euro und 90 Cent zusammengekommen. Wir sind begeistert und umarmen uns.

»We wanna say hello to Romeo!«, sagt Ola.

Ich packe meinen Hocker und sage: »Let's go!«

Zehn Minuten später stehen wir alle drei vor Romeo. Er befindet sich noch immer auf dem breiten Bordstein in der Nähe des Festivalbüros. An seinem Hinterrad glänzt die Wegfahrkette. Er wurde offenbar nicht belästigt. Der goldene Glanz auf seiner Haut verbreitet Zuversicht.

»Can we sign him?«, fragt mich Ada.

Ich zücke meinen goldenen Edding und reiche ihn ihr. Während Ada eine goldene Sonne auf Romeos Hinterteil malt, betrachtet Ola aufmerksam das Armaturenbrett.

»Obey the British parking restrictions. Always«, sagt sie und sieht mich an. »What happened?«

»Romeo was nearly murdered in London. Cause we stopped at the wrong place. But he survived«, antworte ich und gebe Romeo einen freundschaftlichen Klaps.

»Wow!«, erwidert Ola und lächelt. »Can I touch him?«

»Sure.«

Ola legt ihre Hand auf seine Sitzbank und streichelt ihn, als wäre er ein Haustier. Dann nimmt sie sich den Edding und malt einen goldenen Amor neben Romeos Tankdeckel.

»All the best for your way home!«, sagt sie.

Schließlich drücken Ola und Ada mir ihre rote

Plastikbox in die Hand und sagen: »Take the money. We don't need any more money for new socks.«

Wahnsinn. Was für ein Geschenk! Die komplette Gage unseres gemeinsamen Auftritts. Mein Gesamtvermögen wächst damit auf ganze 83 Euro und sechs Cent an. Ich fühle mich wie der reichste Mensch des Planeten. Schon wieder. Euphorisch schlinge ich meine Arme um Romeos Lenker. Dabei fällt mein Blick auf die Rückseite seines linken Rückspiegels. Dort funkelt golden in der Sonne der kleine Mensch aus Japan.

Es ist 16:30 Uhr und ich befinde mich in einem Laden mit dem Namen »Zulu Tattoo«. Luigi hat ihn im Zuge unseres gestrigen Besäufnisses als durchaus kompetent in Sachen Tätowierungen erwähnt. Jetzt ist es so weit. Ich werde tätowiert, zum ersten Mal in meinem Leben. Meine Tätowiererin heißt Tara und ist gebürtige Irin. Sie hat tiefblaue Augen. Auf ihrer linken Wange sitzt eine winzige Tätowierung. Eine Träne in der Form eines Herzens.

»What colour do you want?«, fragt sie mich und betrachtet die selbstgezeichnete Skizze meines zukünftigen Tattoos.

»Blue«, antworte ich und reiche ihr das blaue Kopftuch von Miro, dem Tschechen. »Like this.«

»Nice colour«, sagt sie und betrachtet das Tuch. »I'll have to mix it.«

Dann wirft sie einen Blick auf meinen linken Oberarm und sagt: »It'll be 80 euros.«

Ui! Das ist teurer als erwartet. Wer hätte das gedacht?

80 Euro für ein bisschen blaue Farbe. Nun ja, Tätowieren ist ein Kunsthandwerk. Und Kunst hat ihren Preis. Ich werde einfach später erneut auf meinen Hocker steigen und spielen, bis der Mond aufgeht. Dann werde ich das nötige Benzingeld schon irgendwie zusammenkriegen. Schließlich geht es hierbei um ein Denkmal für die Zukunft. Ein Symbol, das mich daran erinnert, wer ich bin. Ein Mensch. Und daran, dass das Menschsein das ist, wonach zu streben es sich lohnt. Es kostet Mut und bringt das Glück.

»Auuuuuuuaaaaaaa!!!«, entfährt es mir wie einem Tier.

Wer hätte denn geahnt, dass Tätowieren derart schmerzhaft ist.

»Do you like it?«, fragt mich Tara und gönnt mir eine kurze Pause.

Es ist verrückt. Der Schmerz brennt unter meiner Haut. Das Blut läuft über meinen Arm. Ich empfinde Qualen. Und dennoch eine Art von Lust. Je länger Tara mich bearbeitet, desto genussvoller wird die Prozedur. Ich fühle mich wie ein Indianer, der zurück ist von der Jagd. Die Jagd war ein Erfolg. Jetzt brennt man dem Indianer das Symbol seines Triumphes ein. Er ist gewachsen und gereift. Ein neuer Mensch.

»It's done«, sagt Tara schließlich und reinigt meine Wunde.

Dann tupft sie eine Salbe darauf und verschließt sie mit einem transparenten Pflaster. Ich öffne meine rechte Hand und murmle: »Thanks for joining me.«

In meiner Hand sitzt Huck und lächelt. Er stand mir

wieder einmal treu zur Seite und bringt mich jetzt, nach all den Qualen, ein weiteres Mal zum Schmunzeln.

»He's blue like you«, sagt Tara und freut sich über Hucks Erscheinen.

Zum Abschluss lege ich Tara einen Berg Münzen auf den Tresen.

»I hope you like coins«, sage ich und schnappe mir meinen Hocker.

»Sometimes it's better than paper«, erwidert Tara und reicht mir eine Salbe. »Use that on your tattoo.«

Dann gibt sie mir die Hand und strahlt.

»I feel very honoured having done your tattoo. Now I'll travel with you!«

Als ich den Laden verlasse, steht vor mir ein Motorrad. Eine Kawasaki Z 650 in Schwarz. Ich bin sofort verliebt. Eines Tages auf so einer Maschine um die ganze Erde fahren. Das wär doch was!

Um Punkt 18 Uhr stehe ich wieder auf der Grafton Street auf meinem Hocker und ziehe meine Maske an. Jetzt ist mein Superheld komplett. Blaues Kopftuch, blaues Unterhemd und ein frisch gestochenes blaues Tattoo. Auf geht's! Jetzt noch schnell ein bisschen Geld verdienen und meiner glorreichen Rückkehr steht nichts mehr im Wege.

Voller Stolz begebe ich mich in meine erste Position. Ich balle meine linke Faust und zeige den Passanten meinen linken Oberarm und sein Tattoo. Die rechte Faust strecke ich heldenhaft zum Himmel.

Kaum bin ich eingefroren, taucht ein Pulk von Menschen auf. Sie rennen auf mich zu und rufen: »He's great!«, »I wanna touch him!« und »What a historical day!«

Ich bin fassungslos. Ist das Resultat von meiner kleinen Tätowierung, dass mich die Menschen jetzt wie einen Star verehren und jubelnd durch ganz Dublin rennen? Nur um mich zu sehen, den jungen Schauspielschüler aus der Fremde, der aufbrach, um sein Glück zu finden? Der voller Mut sein Ziel erreichte und nun mit seinem Ruhm ganz Dublin zu verzaubern weiß.

Ich fühle mich geehrt. Geradezu geadelt. Und doch scheint mir das Ausmaß meiner Anerkennung etwas übertrieben. Und vor allem, woher wissen die Leute von mir und meiner Reise? Na klar! Der »Irish Independent« hat meine Story doch gedruckt. Jetzt weiß die ganze Stadt Bescheid. Jetzt sind Romeo, Huck und ich berühmt!

Ich schiebe die Gedanken weg und fokussiere mich. Die Ankunft meiner Fans verdient eine würdevolle Haltung und kein größenwahnsinniges Rumgezappel. Ich bin gewillt, meinem Publikum das Bild einer musterhaften Statue zu präsentieren. Also löse ich die rechte Faust vom Himmel und entspanne sie. Mein linker Bizeps löst sich ebenfalls aus seiner Position. Dann hebe ich die Hände zur Linken und zur Rechten meines Kopfes und verwandle sie in ein Symbol des Sieges: das Victory-Zeichen. Mein Mund schenkt passend dazu noch sein schönstes Siegeslächeln.

Doch wie enttäuscht bin ich, als der Pulk der vielen Menschen einfach weiterrennt. Direkt an mir vorbei.

Ohne mir auch nur einen einzigen Seitenblick zu widmen. Wie kann das sein? Hat man mich einfach übersehen? Entschieden springe ich von meinem Sockel und ziehe mir die Maske aus. Dann packe ich meinen Hocker und renne hinterher.

In einer Seitengasse komme ich zum Stehen. Vor mir stehen Hunderte von Menschen. Sie drängen sich dicht an dicht und scheinen auf etwas zu warten. Die Luft ist voller Ehrfurcht und Freude. Niemand nimmt Notiz von mir. Tja, mein Grundlagenlehrer Dieter Braun würde jetzt vielleicht sagen: »Der Schauspieler und seine ewige Egozentrik.« Wie dem auch sei. Ich möchte wissen, was hier los ist. Neugierig schiebe ich mich nach vorn, um besser sehen zu können. Fehlanzeige. Ich bin zu klein. Aber glücklicherweise nicht allein.

Wer hätte gedacht, wie praktisch es sein kann, ständig einen Barhocker mit sich rumzuschleppen. Oben angekommen öffnet sich mein Blickfeld. Menschen. Überall Menschen, die in freudiger Erwartung auf einen einzigen Punkt starren. Dort steht ein Objekt, das mit einem schwarzen Tuch bedeckt ist. Davor ein paar offiziell aussehende Personen, die gebannt auf eine große Uhr blicken. Bevor ich die Situation durchschauen kann, meldet sich jemand am Fuße meines Hockers zu Wort.

»Excuse me, Sir. Can I borrow your chair for a little while?«

Es ist eine ältere Dame. Sie ist klein und trägt ein grünes Wollkleid. In der rechten Hand hält sie einen antiquierten Fotoapparat.

»It's a very special moment for me. You would do me great favour!«

Ich klettere von meinem Stuhl herab und sage: »For sure. You can use it.«

Daraufhin reiche ich der Dame meine Hand und sie klettert nach oben. Oben angekommen stellt sie sich auf ihre Zehenspitzen. Im selben Moment fängt jemand weiter vorne an, einen Countdown zu zählen. Von zehn abwärts. Das Gesicht der alten Dame fängt an zu leuchten. Tränen laufen über ihre Wangen. Als der Countdown bei »Three!« angekommen ist, nimmt sie ihren Fotoapparat nach oben und wartet. Bei »Two!« zieht sie den Spannhebel nach hinten. Schließlich folgt »One!«.

Die Menschen fangen an zu jubeln und nehmen sich in die Arme. Die alte Dame macht ihr Foto. Dann hält jemand eine Rede und alle fangen an zu singen.

Irgendwann ist die Show vorüber und die Menschen gehen auseinander. Die alte Dame reicht mir ihre Hand und klettert wieder herab. Als sie sicher auf beiden Beinen steht, fällt sie mir um den Hals und sagt: »God bless you. You and your beautiful chair!«

Die Dame heißt Angela und ist gebürtige Dublinerin. Sie erzählt mir, was gerade passiert ist. Dublin ist die Stadt der Musiker. Einer der größten Musiker der Stadt heißt Philip Lynott, eine Rocklegende aus den Siebzigern. Angela liebt ihn und seine Musik über alles. Sie lebt in einem abgelegenen Vorort von Dublin und hat sich heute extra auf die Reise gemacht, um bei der Einweihung von Philip Lynotts Statue dabei sein zu können.

»I was able to see Phil the first moment he was shown to the world!«, sagt Angela und wischt sich ihre letzten Freudentränen von der Wange. »You made a dream come true!«

Später sitze ich auf dem Bordstein neben Romeo und reflektiere. Die Begegnung mit der alten Dame hat mich tief bewegt. Dass der Zufall es so wollte, dass ich Angela genau zur rechten Zeit am rechten Ort mit meinem Barhocker einen Gefallen tun konnte, schenkt mir ein Gefühl von Glück. Vielleicht war das ja sogar Schicksal. Und meine ganze Reise, unabhängig von dem, was Magdalena letztlich sagt, hat ihren Sinn darin gefunden, dass ich an diesem Freitagabend einer alten Dame ihren Traum erfüllen durfte.

Um 22 Uhr drücke ich den Klingelknopf bei Brandon. Er öffnet wie verabredet.

»Thank you so much for the chair!«, sage ich und gebe ihm seinen Barhocker zurück.

»It was my pleasure«, sagt Brandon und reicht mir dafür meinen Rucksack und den Helm. Wir umarmen uns. Als ich die Wohnungstür hinter mir zuziehe, ruft Brandon:

»This above all: to thine own self be true.«

Ich gehe ein letztes Mal durch Temple Bar. In meinem Rucksack warten 17 steinerne Herzen auf die Heimkehr. Sie wollen verschenkt werden und mich von ihrer Last befreien.

Auf meinem Weg zu Romeo ergreift mich ein Gefühl der Schwermut. Ich fühle mich in Dublin mittlerweile wie zu Hause. An jeder zweiten Ecke haftet eine Erinnerung. Die letzten Tage waren sehr ereignisreich. Einmal bin ich durch die ganze Stadt gerannt. Das Buch der Bücher habe ich hier gefunden. Habe viel geflyert und ne Menge Leute angequatscht. Zu guter Letzt die Straße selbst als Bühne mir erobert. Und dann zum ersten Mal gespielt. Zuerst allein und auf mich selbst gestellt. Am Ende sogar zu dritt, zusammen mit zwei hinreißenden Damen.

Oh Dublin! Du und deine Menschen. Ein Platz in meinem Herzen ist dir sicher!

Schließlich stehe ich erneut vor Romeo. Es ist so weit. Wir brechen auf.

Nach all den Abenteuern geht es nun zurück nach Hause. Liebevoll tätschle ich seine Sitzbank. Meine Verbundenheit mit Romeo ist in den vergangenen fünfzehn Tagen stark gewachsen. Letztlich ist er nur ein Haufen Plastik und Metall aus Japan. Und doch bin ich mir sicher: Er ist mein Freund. Ich wuchte meinen Rucksack auf das Trittbrett und setze meinen Helm auf. Auf zurück nach Bochum!

Als ich mich bücke, um die Wegfahrkette aus dem Hinterrad zu ziehen, entdecke ich ein Objekt. Das steht direkt vor Romeos Hinterrad und funkelt. Daneben liegt ein kleiner Zettel. Neugierig greife ich danach und ziehe es hervor.

Es ist eine Dose Guinness! Sie ist ungeöffnet und noch voll. Ich blicke auf den Zettel und lese, was da steht:

This Guinness is for you. Drink it when you have made your way home. Good luck!
The girls who were collecting money for new socks

Was ne geile Geste! Jetzt bin ich voller Zuversicht. Ein irisches Bier ist mein Begleiter. Dasselbe Bier, das mir in Brügge zur rechten Zeit den rechten Weg zu weisen wusste. Meine Heimfahrt steht unter einem guten Stern. Auf zu Stella!

Ich stecke meinen Schlüssel in sein Zündschloss und werfe einen letzten Blick in dieses Viertel. Überall sind hübsche Frauen in kurzen Röcken. Sie flanieren umher, trinken Bier und rauchen Zigaretten. Es ist Freitagnacht. Die Stadt ruft nach Exzessen.

Ich lasse den Motor an. Romeo schnurrt wie eh und je. Als ich losfahre, fällt mein Blick auf eine strahlende Erscheinung. Ein Mann kommt die Straße entlang. Er geht barfuß. Das Einzige, was ihn bekleidet, ist ein bordeauxrotes Tuch. Es ist elegant um seinen Körper geschwungen. Auf seinem Gesicht liegt ein von Glück erfülltes Strahlen. Als er an mir vorüberschreitet, treffen sich unsere Blicke. Er ruft: »Hakuna Matata!«

Dann ist er weg und ich fahre los, raus aus Temple Bar in Richtung Norden. Durch die Nacht der Stadt. Um Punkt 23 Uhr stehe ich am Gate Theatre und warte auf Stella. Sie ist das Bindeglied nach Bochum und gewährt mir heute Nacht Asyl.

Tag 16

Ich erwache in einem Haus mit Garten, auf einer weißen Ledercouch. Die Sonne scheint zum Fenster herein. Draußen singt ein Vogel. Es ist zehn Uhr. Stella stellt mir eine Tasse schwarzen Kaffee ans Bett und bietet mir eine Zigarette an. Dann setzt sie sich in ihren Schaukelstuhl und wir nehmen unser Gespräch der vergangenen Nacht wieder auf. Bis vier Uhr morgens haben wir geredet. Bochum verbindet. Die Stadt, die Ausbildung, dieselben Lehrer und dieselben Bars.

Stella erzählt mir von ihrer Vergangenheit im Ruhrgebiet, als sie in einem VW-Bus vor der Schule gewohnt hat. Von ihren Schwierigkeiten, ihren Träumen und davon, was sie nach Irland verschlagen hat. Im Augenblick ist sie dabei, ein Theater zu gründen. Das Land ist im kulturellen Aufschwung. Es gibt Gelder. Es gibt Möglichkeiten. Die will sie nutzen.

Als ich duschen gehe, schreibt sie etwas in mein Tagebuch:

Ich sage, mal mir ein Herz.
Und du malst einen Kreis.
So was möchte ich auch können.

Etwas ganz Einfaches. Etwas,
von dem ich nichts weiß.
WOLF WONDRATSCHEK

Dann frühstücken wir zusammen. Da Stella selbst erst gestern Nacht nach Hause gekommen ist, ist das Angebot begrenzt. Es gibt schwarzen Kaffee und jede Menge Zigaretten, dazu eine Schüssel Kirschen aus dem Garten. Ich bin zufrieden. In den letzten zwei Wochen war mein Verbrauch an Zigaretten sehr bescheiden. Jetzt atmet meine Sucht genussvoll auf.

Um kurz nach zwölf packe ich meine Sachen. Der Hafen von Rosslare wartet. Er liegt im Süden der Insel, ungefähr 150 Kilometer von hier. Es wird Zeit, Irland Lebewohl zu sagen.

Als wir am Gartentor stehen, drückt mir Stella 20 Euro in die Hand und sagt: »Mögen die alten irischen Götter der Kunst, der Liebe und des Lebens dich begleiten.«

Dabei strahlen ihre blauen Augen wie zwei Sterne.

Es ist 13 Uhr. Der Fahrtwind hat mich wieder. Es geht nach Hause. Magdalena wartet!

Mit satten 80 heizen Romeo und ich in Richtung Süden. Immer wieder taucht das Meer zu unserer Linken auf. Möwen kreuzen unseren Blick. Salzgeruch liegt in der Luft.

Dank Stellas Spende beläuft sich meine Reisekasse jetzt auf 23 Euro und sechs Cent. Das wird nicht gänzlich für die Rückfahrt reichen. Doch Grund zur Sorge gibt es nicht. Fortuna scheint mir hold zu sein!

Gegen 15 Uhr passiere ich das Ortsschild von Rosslare. An der letzten irischen Tankstelle halte ich an und tanke voll. Außerdem überprüfe ich den Reifendruck von Romeo. Dann tuckern wir in Richtung Küste.

Als wir das Hafenterminal erreichen, steht vor uns eine Gruppe Biker. Die Fahrer tragen schwarze Lederkombis und rauchen Zigaretten. Ihre Rennmaschinen sind neongrün und leuchten martialisch in der Mittagssonne.

Ich halte an und steige ab. Dann hebe ich den Arm zum Gruß und winke, als Ausdruck meiner Biker-Solidarität. Die Männer werfen einen Blick auf Romeo. Sie schenken mir ein abschätziges Lächeln und drehen sich weg. Offenbar sind Rollerfahrer hier nicht sonderlich erwünscht. Also höre ich auf zu winken und mache mich bereit zum Boarding.

Wie besprochen erwartet mich mein Ticket am Empfang. Ein letzter Smalltalk mit dem Hafenpersonal, dann geht's an Bord. Und die irische Insel ist Vergangenheit.

Als meine Fähre um 16 Uhr in See sticht, stehe ich an Deck und halte den Kopf in den Wind. In meiner Hand sitzt Huckleberry und lächelt vor sich hin.

Mein Rucksack und mein Helm liegen wohlverstaut im Inneren der Fähre. Bei mir sind nur der Schlumpf und die Gitarre. Während die Weite des Meeres an mir vorüberzieht, lasse ich die vergangenen fünfzehn Tage Revue passieren.

Mein Herz ist voller Dankbarkeit. Vor allem für Magdalena. Dafür, dass sie mir in Bochum begegnet ist, mich verzaubert und vor fünfzehn Tagen dazu inspiriert hat, zusammen mit Romeo nach Dublin zu reisen.

Es ist 20 Uhr. Ein kühler Abendwind weht über Deck. Am Horizont erahnt man eine Küste. Zwei Mädchen rennen an mir vorbei und schimpfen auf Französisch. Offenbar zwei Schwestern auf dem Weg in die Heimat. Grund ihres Konflikts ist ein kleines Krokodil aus Plastik. Es ist grün und hat Kulleraugen. Sein Name ist Norbert. Und Norbert möchte den Sonnenuntergang erleben.

Das sagt zumindest seine Besitzerin Claudine. Sie ist sieben und alles andere als erpicht darauf, ins Bett zu gehen. Ihre Schwester Hélène sieht das anders. Sie ist vierzehn und trägt die Verantwortung. Immer wieder ruft sie: »Arrête!«

Doch Claudine weigert sich und ergreift die Flucht. Dabei hält sie ihr grünes Krokodil fest umklammert und ruft: »Norbert n'est pas fatigué!«

Schließlich verliert Hélène jedwede Lust, ihre kleine Schwester länger zu verfolgen und stellt sich an die Reling. Demonstrativ blickt sie in die Ferne. Derweil hat ihre kleine Schwester Huck entdeckt. Vorsichtig nähert sie sich mir und meinem kleinen Freund. Als sie neben mir steht, öffnet sie ihre Hand und zeigt mir ihr Krokodil: »Il s'appelle Norbert«, sagt sie. »Il est mon ami.«

»Bonjour Norbert«, sage ich und lächle.

Daraufhin zeigt sie auf Huck und fragt: »Comment il s'appelle?«

»Il s'appelle Huck«, antworte ich. »Il est mon ami.«

Jetzt lächelt auch Claudine. Nach einem kurzen Kennenlernen sind Huck und Norbert ganz schnell Freunde. Mit meiner Erlaubnis nimmt Claudine Huck für eine Weile an sich. Zusammen erkunden sie das Deck. Dabei leiht Claudine den beiden Stimmen, die von Norbert klingt tief und böse, die von Huck ist hoch und lieblich. Beide scheinen sich prächtig zu verstehen. Zum Abschluss setzt sie Claudine gemeinsam auf die Reling. In der rechten Hand hält sie Huck und in der linken Norbert.

»Le soleil!«, ruft sie begeistert. »Il est très beau!«

Dann wird sie still und betrachtet aufmerksam das Farbenspiel der untergehenden Sonne.

Es ist 23 Uhr. Ich sitze immer noch an Deck und blicke in den Himmel. Die Nacht ist sternenklar. Über dem Meer leuchtet ein riesiger Mond. Er ist blutrot. Ich stecke Huck in meine Innentasche und stehe auf. Mein Magen knurrt. Außerdem ist es kalt. Es wird Zeit für ein Nachtmahl.

Ich überquere das Deck und öffne die Tür ins Innere der Fähre. Kaum ist sie offen, höre ich ein Klavier. Jemand spielt. Und das ganz in meiner Nähe. Neugierig steige ich die Treppe hinab und betrete einen langen Flur mit grünem Teppich. Ich gehe weiter und folge der lauter werdenden Musik. Alle paar Meter eröffnet ein Bullauge den Blick auf den rötlichen Mond. Schließlich stehe ich vor einer großen Tür mit einem runden Fenster. Ich trete näher und blicke hindurch.

Auf der anderen Seite tanzen zwei Männer vor einem Klavier. Der eine trägt einen schwarzen Zylinder, der andere hat Dreadlocks und eine bunte Wollmütze. Sie singen auf Französisch. Der dritte Mann sitzt auf einem Rucksack und spielt Klavier. Während er spielt, steht er gelegentlich auf und macht einen Luftsprung.

Ich öffne die Tür und trete ein. Alle drei sehen mich an und lachen.

»Une guitare!«, ruft der Mann mit den Dreads und der Mütze.

Der Mann mit dem Zylinder klatscht in die Hände und gibt dem Pianisten ein Zeichen. Der haut jetzt voll in die Tasten und spielt ein leidenschaftliches Finale. Dann springt er auf, sieht mich an und ruft: »Bonsoir Monsieur!«

Die drei Franzosen heißen Olivier, Antoine und Romain. Sie sind Freunde und kommen aus Lyon. Im August sind sie durch Irland getrampt und haben Straßenmusik gemacht. Die Instrumente dafür haben sie aus dem gebaut, was sie auf der Straße gefunden haben. Blechdosen, Plastiktüten, Pappkartons. Jetzt sind sie auf der Rückreise und haben durch Zufall dieses Klavier entdeckt. Es ist zwar etwas verstimmt, dafür aber bestens geeignet für ein nächtliches Konzert im Mondschein.

Als ich den drei Freunden einen kurzen Abriss meiner bisherigen Reisegeschichte gebe, sind sie begeistert. Antoine nimmt meine Gitarre und fängt an zu spielen. Daraufhin nimmt Olivier seinen schwarzen Zylinder vom Kopf und verneigt sich. Dann fängt er an zu singen:

»Le soir,
au lever de la lune rouge,
un petit prince voyageur franchit une mer apaisée,
sa moto dans la soute,
sa guitare sur l'épaule.
Bonne route, compagnon!«

»Am Abend,
wenn der rote Mond aufgeht,
überquert ein kleiner reisender Prinz das ruhige Meer,
seinen Motorroller im Frachtraum,
seine Gitarre auf der Schulter.
Gute Reise, Gefährte!«

Währenddessen spielt Romain auf dem Klavier und sieht mich an. Mit seinen dunklen Augen und der Art seines Lächelns erinnert er mich an Johnny Depp.

Plötzlich geht die Tür auf und eine junge Frau steht vor uns. Sie lacht und ruft: »Liberté ou la mort!«

Romain hält für einen Moment inne. Er ruft »L'amour!« und spielt weiter. Die Frau tanzt auf mich zu und gibt mir ihre Hand.

»Bonsoir! Je m'appelle Estelle«, sagt sie und lacht mit einer Freude, die auch mich sogleich zum Lachen bringt.

Dann erzählt sie mir, warum sie heute so glücklich ist.

»I saw dolphins! They followed our ship today«, sagt sie und strahlt. »Life seems to be just a game to them!«

»I did not see them«, sage ich enttäuscht.

Daraufhin ruft Estelle: »I'm sure you'll see them tomorrow!«

Estelle ist wunderschön. Sie hat strahlend braune Augen und lange braune Locken. Sie ist auf der Heimreise nach Frankreich und zu meiner großen Freude Theaterregisseurin aus Paris. Ihr Temperament und ihre Offenherzigkeit ebnen uns kurzerhand den Weg für eine Theaterdebatte: »You like Molière?«, fragt sie.

»I like Shakespeare«, antworte ich.

»Oh, là, là!«, ruft daraufhin Estelle.

In ihren Augen brennt ein Feuer. Sie funkelt mich an und sagt: »Être ou ne pas être, telle est la question.«

Dann greift sie in ihren Rucksack und holt eine Packung Müsliriegel hervor. Im Gegenzug biete ich ihr den Rest meines irischen Leitungswassers an. Kauend gebe ich Estelle daraufhin ein Best-of meiner vergangenen zwei Wochen. Je länger ich sie dabei ansehe, desto schöner wird sie.

Um zwei Uhr morgens ist das Mondscheinkonzert schließlich vorüber. Romain klappt den Klavierdeckel nach unten und ruft: »Bonne nuit!«

Wir gehen schlafen.

Tag 17

Der wahre Schauspieler ist von der
unbändigen Lust getrieben, sich
unaufhörlich in andere Menschen
zu verwandeln, um in den anderen
am Ende sich selbst zu entdecken.

Max Reinhardt

Es ist Sonntag, der 21. August 2005. Heute vor genau 17 Tagen habe ich um 17 Uhr Bochum verlassen. Wenn morgen früh die Sonne aufgeht und ich tatsächlich mit Romeo vor Magdalenas Tür stehe, habe ich meine Wette gewonnen.

Möge die Macht mit mir sein!

Es ist zehn Uhr. Ich betrete das Deck und setze mich auf eine Bank in der Sonne. Der Himmel ist windstill und blau. Die französische Küste ist in Sicht. Mein letztes Frühstück besteht aus einem Croissant mit Käse und einer Dose Fanta. Kostenfaktor: 4,80 Euro. Als ich mit dem Frühstück fertig bin, taucht Claudine auf und weint.

»Je cherche Norbert!«, sagt sie und schluchzt. »Il n'est pas là.«

Daraufhin kommt ihre Schwester zu uns und sagt: »Bonjour Monsieur, nous cherchons le crocodile. Vous avez une ideé?«

Uns bleibt nicht viel Zeit, um das Krokodil zu finden. Die ersten Passagiere begeben sich bereits zu ihren Fahrzeugen. Also hole ich Huck aus meiner Tasche und frage ihn: »Où est ton ami?«

Das verleiht Claudine die Ahnung eines Lächelns. Dann springt sie auf und rennt über das Deck. Ich folge ihr. Gemeinsam begeben wir uns auf die Suche. Wir gucken in jede Ecke, prüfen den Rumpf eines Rettungsboots und durchwühlen zu guter Letzt den Müll an Deck. Alles ohne Erfolg. Claudine gibt die Hoffnung auf und schaut aufs Meer.

»Il s'est noyé!«

Ich stelle mich neben sie und sage: »Mais un crocodile sait nager.«

Daraufhin sieht sie mich finster an und schreit: »Il est mort!«

Zu unser beider Glück erscheint dann ihre Schwester und ruft: »J'ai trouvé Norbert!«

Freudig übergibt sie das grüne Krokodil an ihre Schwester und sagt: »The crocodile was in her sleeping bag. Thank you very much for your help!«

Dann machen wir Fotos. Eins von uns dreien und eins von Huck und Norbert: Krokodil mit Schlumpf im Maul mit Blick aufs Meer.

Schließlich ertönt ein Lautsprecher. Wir werden gebeten, uns zu unseren Fahrzeugen zu begeben.

Claudine nimmt Huck und Norbert ein letztes Mal in ihre Hände. Die beiden küssen sich.

»Au revoir«, sagt sie und gibt mir den Schlumpf zurück.

Dann sind die beiden Schwestern und das Krokodil verschwunden und ich traue meinen Augen kaum. In Hucks stets lächelndem Gesicht glitzert eine kleine Träne.

Um kurz nach elf rumpel ich mit Romeo die Rampe der Fähre hinab. Das europäische Festland hat uns wieder. Mein Reisetagebuch ist offiziell beendet. Der letzte Eintrag ist von Claudine: ein goldenes Krokodil.

Nach dreihundert Metern kommt ein Kreisverkehr mit einem blauen Schild:

»Paris 565 km«

Ich fahre auf einen angrenzenden Parkplatz und halte an. Dort stehen auch die neongrünen Biker von gestern und rauchen Zigaretten. Diesmal winke ich nicht. Ich setze mich an einen Holztisch und löse das transparente Pflaster meiner Tätowierung. Der blaue Mensch aus Japan sieht gesund aus. Ich nehme Taras Salbe und reibe ihn ein. Anschließend zähle ich mein Geld, in der Hoffnung, dass es mehr geworden ist. Ist es aber nicht: 14 Euro und 46 Cent. Das ist alles.

Ich fahr jetzt einfach so lange weiter, bis mir der Sprit ausgeht. Und dann mal sehen. Was Besseres fällt mir nicht ein. Ich packe mein Tattoo wieder ein und gehe zurück zu Romeo. Der ist inzwischen umringt von einer Traube Fans. Die Biker mit ihren grünen Rennmaschinen studieren aufmerksam seine goldenen Beschriftungen. In ihren Augen liegt Respekt. Ich öffne mein Helmfach und tausche die Helme. Die Rückfahrt ist lang und beschwerlich. Dafür ist mein roter Helm mit Visier besser geeignet als der offene weiße mit der goldenen 17.

Ich steige auf und starte den Motor. Ein muskulöser Typ mit Vollbart kommt auf mich zu und sagt: »Safe trip, brave man.«

Als ich losfahre, winken mir die anderen Biker. Ich drücke auf die Hupe und winke zurück. Nach fünfhundert Metern komme ich zu einem zweiten Kreisverkehr. Kaum bin ich drin, fängt jemand an zu hupen. Ich blicke in den Rückspiegel und sehe ein rotes Auto. Es ist ziemlich zerbeult. Am Lenkrad sitzt Estelle. Sie steckt den Kopf aus dem Fenster und ruft: »You saw them?«

Ich verstehe nicht, was sie meint.

»What?«, rufe ich zurück.

Wir drehen eine zweite Runde.

»The dolphins!«, ruft Estelle jetzt noch lauter. »Did you see them?«

Wir drehen eine dritte Runde.

»No!«, brülle ich zurück und gehe vom Gas, um nicht aus der Kurve zu fliegen.

Als wir dann zur vierten Kreiselrunde ansetzen, drückt Estelle noch einmal auf die Hupe und ruft: »You wanna come with me to Paris?«

»Yes!«, rufe ich zurück und lasse sie überholen.

Estelle setzt ihren Blinker und verlässt den Kreisverkehr. Ich gebe Gas und folge ihr.

Es ist zwölf Uhr mittags. Estelle und ich fahren auf die Autobahn in Richtung Osten nach Paris. Ihr rotes Auto vorneweg. Mein silberner Roller hinterher. Wir fahren 85. Der Himmel ist blau. Die Sonne strahlt. Immer wieder blickt Estelle in ihren Rückspiegel und guckt, ob ich noch da bin. Dann hebe ich die Hand und winke. Ihre Begleitung und unsere gemeinsame Leidenschaft fürs Theater verleihen mir ein Gefühl von Sicherheit. Die französische Regisseurin und der deutsche Schauspielschüler. Gemeinsam auf dem Weg nach Hause.

Nach 180 Kilometern setzt Estelle den Blinker und fährt ab. Wir halten auf einem Rastplatz. Estelle springt aus dem Auto und sprintet zur Toilette. Dann kommt sie zurück, lacht und ruft: »The coffee!«

Ich steige ab, strecke meine Glieder und gehe auf und ab. Estelle betrachtet meinen Roller und sagt: »I wanna paint something for you.«

Ich reiche ihr den Edding und sie macht sich ans Werk. Als wir zurück auf die Autobahn fahren, funkelt unter meinem Sitz ein neues Bild. Es ist ein goldener Delfin, der aus dem Wasser hüpft und grinst. Darunter steht:

You will see them once! I swear.

Dann tauchen vor uns drei Gebäude auf. Die Autos werden langsamer. Sie reihen sich in eine Schlange ein und kommen zum Stehen. Nach und nach fährt jedes Auto an ein Gebäude heran und hält. Es folgt ein kurzer Austausch mit jemandem im Innern des Gebäudes.

Dann kommt Bewegung in die Schlange und die Autos setzen ihre Reise fort.

Na klar! Es geht hier um die Mautgebühr. Frankreichs Autobahnen sind nicht umsonst. Das hatte ich bisher nur leider nicht auf meiner Rechnung.

Jetzt kommt Estelle zum Stehen und kurbelt ihre Fensterscheibe runter. Sie blickt in meine Richtung und reicht dem Mann in seinem Häuschen einen Schein. Der gibt ihr etwas Wechselgeld und nickt. Estelle kurbelt ihre Scheibe hoch und fährt langsam weiter. Dann bin ich an der Reihe. Ich fahre vor und halte.

»How much is it?«, frage ich.

Der Mann in seinem Häuschen zeigt auf das rote Auto. Dann sagt er: »Bon voyage.«

Das ist alles. Und er winkt mich weiter.

Hätte Estelle nicht meine Mautgebühr übernommen, wäre mein Restbudget von 14 Euro und 46 Cent gefährlich geschrumpft. Schließlich liegen noch über 800 Kilometer vor mir. Und das sind, je nach Fahrweise, ganze drei Tankfüllungen. Zum Dank drücke ich zweimal auf Romeos Hupe und winke. Estelle drückt daraufhin auf ihre Hupe und winkt zurück. Wir beschleunigen wieder auf unsere gemeinsame Höchstgeschwindigkeit und fahren weiter.

Nach einer weiteren Stunde auf der Autobahn ist meine Tanknadel im Reservebereich angekommen. Als das nächste Tankstellenschild auftaucht, drücke ich auf die Hupe und signalisiere Estelle meine Abfahrbereitschaft. Sie winkt, setzt den Blinker und fährt ab. Als wir an den Zapfsäulen zum Stehen kommen, trifft mich der Schlag.

»Credit Cards Only« steht auf einem rot-weißen Schild neben dem Zapfhahn.

Was soll das heißen? Tanken nur für Leute mit Kreditkarte!? Panisch blicke ich zum Tankstellenhäuschen. Fehlanzeige. Die Rollläden sind unten. Es ist Sonntag und niemand ist zu Hause. Ich blicke zu Estelle und ihrem roten Auto. Sie ist ausgestiegen und im Begriff zu tanken. Sie schaut zu mir rüber und ruft: »Ça va?«

Als ich Estelle darum bitte, mir etwas von ihrem Benzin abzugeben, um es anschließend in bar bei ihr zu begleichen, wird sie plötzlich ernst und sagt: »You think I would not support somebody who is on his way back to his love?«

Daraufhin drückt sie mir ihren Zapfhahn in die Hand und sagt: »Make it full!«

Als ich Romeo vollgetankt habe, nimmt Estelle ihre Kreditkarte und bezahlt die Rechnung. Und ehe ich auch nur darüber nachdenken kann, meinen Geldbeutel zu zücken, sitzt sie längst wieder in ihrem roten Auto und ruft: »Let's go!«

Es ist 17 Uhr. Vor uns taucht erneut eine Mautstation auf. Die ist zu unserem Glück jedoch nicht besetzt. Wir geben Gas und fahren weiter.

Dann ein Schild: »Paris – 150 km«.

In Estelles Rückspiegel lachen ihre schönen Augen. Ich schiebe mein Visier nach oben und lasse den Wind in meinen Helm. Das macht mich wieder wach. Immerhin sitze ich jetzt seit fünf Stunden auf meinem Roller und fahre 80. Und das mit nur einer einzigen Pinkelpause. Mein Nacken, meine Hände und mein Hintern sind steif. Außerdem sausen meine Ohren.

Es wird Abend. Der Himmel ist orange. Am Horizont erscheint die Skyline von Paris. Wir fahren durch einen Wald. Zu meiner Rechten liegt in einem Tal die Ortschaft Saint-Germain. Die Spitze eines Kirchturms reflektiert das Licht der untergehenden Sonne. Am Himmel schwebt eine violette Wolke. Der nahende Herbst zeigt seine ersten Zeichen. Das Grün der Blätter wird zu einem Rot. Es riecht nach Erde.

Wir fahren weiter, leicht bergab. Es ist kurz nach sieben. Dann erreichen wir Paris. Estelle drückt wieder auf die Hupe und winkt aus ihrem Seitenfenster. Ich soll ihr folgen.

Wir nähern uns der Innenstadt, überqueren eine Brücke. Darunter strömt die Seine. Dann halten wir an einer Ampel. Ein Pärchen überquert die Straße und gibt sich lachend einen Kuss. Die Ampel wird grün. Wir fahren weiter und biegen in eine breite Straße. Die ist gesäumt von goldenen Palästen. Und wieder ertönt die Hupe von Estelle.

Sie winkt und ruft: »Victory!« Und plötzlich ragt er vor uns auf: der Arc de Triomphe.

Wir landen in seinem Kreisel. Aber diesmal ist der Kreisel groß wie ein gigantischer Strudel, der uns einsaugt und verschluckt, uns an anderer Stelle zurück in diese Welt spuckt und uns dann erneut verschluckt. Wie gebannt heftet sich mein Blick an das rote Auto vor mir. Es führt mich gezielt durch dieses Chaos und zeigt mir meinen Weg. Verliere ich es aus den Augen, bin ich richtungslos verloren. Aber Estelle gibt acht auf mich. Immer wieder sehe ich ihren Blick im Spiegel. Gemeinsam fahren wir weiter. Vorbei an einem Park und einem weißen Riesenrad. Und er zeigt uns immer wieder seine Spitze, mal mehr, mal weniger: der Eiffelturm.

Dann kommt der Abend. Paris wird dunkel und entfacht die Lichter. Wir halten an. Vor uns liegt eine Tankstelle. Dahinter befindet sich die Auffahrt Richtung Autobahn. Estelle steigt aus und kommt zu Romeo und mir.

»This is the way to Germany«, sagt sie und zeigt in Richtung Tankstelle. »I'm sure you will make it. But …«

Ihre Augen werden ernst.

»If you are too tired, don't take any risk. You could stay one night in Paris.«

Über dem Eingang der Tankstelle hängt eine große Uhr. Es ist 19:36 Uhr. Mir bleiben also lediglich zehn Stunden, um meine Wette noch zu gewinnen. So sehr Estelles Angebot mich freut und so sehr sich mein Körper auch nach Ruhe und Erholung sehnt, so sehr zieht es mich in Richtung Heimat. Auch wenn die nächsten Stunden kein Zuckerschlecken werden, habe ich dennoch das Gefühl, dass ich meine Wette tatsächlich gewinnen kann.

Also erteile ich Paris eine Absage. Voller Freude nehmen Estelle und ich uns zum Abschied in den Arm. Wir bedanken uns für unsere gegenseitige Begleitung und wünschen uns ein Wiedersehen in der Zukunft. Estelle hüpft zurück in ihr rotes Auto und drückt auf die Hupe. Als sie losfährt, ruft sie aus dem Fenster: »L'amour est l'enfant de la liberté!« Dann ist sie weg und ich bin allein.

Ich fahre zur Tankstelle und tanke voll. Für exakt 7 Euro und 65 Cent. Verbleiben sechs Euro und 81 Cent. Von Paris bis Bochum sind es noch mal über 500 Kilometer. Das wird ein harter Ritt, da bin ich sicher. Bevor ich aufbreche, mache ich einen Schnelldurchlauf aller mir bekannten Dehn- und Streckübungen, die ich auf meiner Schauspielschule gelernt habe.

Anschließend notiere ich meinen aktuellen Kilometerstand: 17354,52 km. Somit bin ich bisher 1881,12 Kilometer weit gefahren. Zuzüglich der zurückgelegten Seemeilen natürlich.

Jetzt aber los. Die Zeit sitzt mir im Nacken. Einmal gewendet und schon bin ich wieder auf der Autobahn. Bevor ich Paris in Richtung Norden verlasse, werfe ich einen letzten Blick zurück. Auf einem Berg in der Ferne leuchtet das warme Licht von Sacré-Cœur.

Es ist kurz vor Mitternacht. Der Himmel ist zugezogen. Erste Regentropfen fallen vom Himmel. Ich fahre seit gut vier Stunden ohne Pause. Die belgische Grenze liegt hinter mir. Meine Müdigkeit ist bedrohlich, ganz zu schweigen von meinem Hunger. Der brüllt in meinem Inneren wie eine ungezähmte Bestie. Außerdem hat sich die Steifheit meines Hinterns in einen einzigen Krampf verwandelt. Aber es hilft alles nichts. Wenn ich jetzt eine Pause mache, werde ich nur noch müder. Und ich kann weder ins Bett, noch gewinne ich dann meine Wette. Ich beiße die Zähne zusammen und fahre weiter.

Als vor mir die Lichter von Brüssel auftauchen, gerate ich in einen kalten Regenschauer. Ich gehe vom Gas und fahre 50. Alles andere ist zu riskant. Dann kommt der Autobahnring der Stadt. Vorsichtig umfahre ich das belgische Lichtermeer und finde die Autobahn nach Holland. Dann endet der Schauer und vor mir taucht eine Tankstelle auf. Genau rechtzeitig, der Tank ist wieder leer und ich brauche dringend Bewegung.

Als ich absteige, bin ich nass und steif gefroren. Ich knete Arme und Beine und klopfe einmal meinen ganzen Körper ab. Dabei denke ich an Anna Pocher, meine italienische Dozentin für Körper und Tanz. Im Frühling haben wir ein Tanztheaterstück zusammen erarbeitet. Das war eine der härtesten und schönsten Erfahrungen in meinem bisherigen Theaterleben.

Immer wenn wir glaubten, wir wären mit unseren Kräften am Ende und außerstande weiterzuproben, sagte Anna Pocher nur: »Jetzt fangen wir an!«

Und gelegentlich auch: »Hört auf eure Körper. Immer. Sie wissen mehr als eure Köpfe.«

Was sie mir jetzt wohl raten würde? Momentan befinden sich mein Körper und mein Kopf in einem ernsthaften Konflikt. Mein Körper verlangt nach Ruhe und Entspannung. Er fleht um Gnade. Mein Kopf jedoch schreit nach Vollendung, nach Weiterreise und Beherrschung. Und da er es ist, der sich das alles ausgedacht hat, fällt meine Wahl auf ihn. Zum Ausgleich verspreche ich mir selbst im Geiste, mich nach der Ankunft entsprechend fürsorglich des Körperlichen anzunehmen.

Ich tanke für vier Euro Benzin. Sollte das bis Bochum reichen, verbleiben mir zwei Euro und 81 Cent. Damit könnte ich im Notfall einen Kaffee trinken, um meine Müdigkeit in Schach zu halten. Doch erst muss ich die holländische Grenze überqueren. Ich ziehe meine Regenkleidung über und fahre weiter.

Zwar bleibt der Regen aus, die Wolken weichen einem Himmel voller Sterne, doch dafür wird es eisig kalt. Der Fahrtwind schlüpft durch jede Ritze meiner Kleidung und lässt mich zittern. Auch meine Zähne bleiben nicht verschont. Sie fangen an zu klappern.

Dann erscheint ein Licht, das blinkt. Es ist orange und warnt. Ich werde langsamer. Eine Baustelle taucht auf, die Autobahn verengt sich, eine Spur ist ganz gesperrt. Menschen in orangfarbenen Overalls laufen eifrig auf und ab. Sie haben einen Presslufthammer und durchlöchern den Asphalt.

Mein zerkratztes Visier verwandelt das Blinken in eine ungewollte Lasershow. Ich kann fast nichts sehen. Also fahre ich 30 und öffne den Helm. Die eisige Kälte bringt mich zum Heulen.

Nach einer gefühlten Ewigkeit hört das orangefarbene Blinken endlich auf. Auch das Presslufthämmern verebbt allmählich hinter mir. Zügig schiebe ich das Visier nach unten. Vor mir öffnet sich die Autobahn. Wieder freie Fahrt mit mir allein. Um mich herum herrscht Finsternis. Bis auf die Sterne. Die sind am Himmel und glitzern.

Dann wird es kritisch. Meine Hände verweigern ihren Dienst. Sie sind taub und zittern. So sehr, dass ich Angst kriege. Was, wenn Romeo mir jetzt seine Treue versagt? Wenn ich ihn nicht länger lenken kann? Wie lange dauert das noch? Wo ist Holland? Und wann bin ich endlich zu Hause?

Mein Blick fällt auf die Tankanzeige. Auch das noch! Der Tank ist fast leer, der Zeiger liegt im roten Bereich. Nur noch ein Strich, dann zeigt er endgültig auf »empty«. Mir bleibt keine Wahl. Eine Tankstelle ist nicht in Sicht. Die nächste Ausfahrt, die kommt, muss ich nehmen. Koste es, was es wolle.

Dann ist sie da. Die Ausfahrt. Ich setze den Blinker, gehe vom Gas und fahre ab. Es kommt eine Kreuzung. Ich fahre nach links und dann geradeaus. Ich folge der Landstraße. Um mich herum liegen Äcker und Felder. Plötzlich das Ortsschild einer belgischen Kleinstadt. Ich folge der Hauptstraße. Kein Mensch ist zu sehen. Alles ist dunkel. Nicht ein einziges Licht. Nichts. Die Fenster der Häuser sind verschlossen und finster.

Als ich den Stadtrand erreiche, kommen mir die Tränen. Vor mir liegt Dunkelheit. Nicht eine Tankstelle weit und breit. Das war's. Das ist das Ende.

Meine Wette versandet im finsteren Belgien. Am Ortsausgang einer Geisterstadt. Gleichgültigkeit ergreift Besitz von mir. Scheiß doch drauf! Hab ich halt verkackt.

War eh ne beschissene Idee. Ich drehe um und fahr zurück. Irgendwo wird schon ne Parkbank auf mich warten. Da hau ich mich dann hin und werde schlafen. Endlich.

Doch es kommt anders als erwartet. Ich verlasse meinen Hinweg und fahre eine Steigung hinauf. Nach einem Kirchturm kommt ein Parkplatz, auf dem ein Imbisswagen steht. Auf dessen Tresen blinkt ein rotes Schild: »Open«.

Ich halte an und steige ab. Hoffnung keimt in meinem Herzen. Vor dem Imbisswagen stehen ein schwarzer BMW und eine Gruppe junger Männer. Fünf Typen trinken Bier und rauchen Zigaretten. Aus dem schwarzen BMW ertönt gedämpfter Gangster-Rap.

Ich gehe auf die Männer zu und sage: »Bonsoir!«

Die Männer drehen sich um und sehen mich an. Ich schenke ihnen mein müdes Lächeln. Dann wiederhole ich: »Bonsoir!«

Keine Antwort.

Ein Typ mit kurz rasierten Haaren und schwarzer Jacke schnippt seine Kippe weg. Er kippt sein Bier auf ex und kommt in meine Richtung.

Kaum steht er vor mir, fängt er an zu tanzen. Gekonnt vollführt er einen Moonwalk und gleitet rückwärts zurück zu seinen Leuten. Plötzlich friert er ein und kommt zurück zu mir. Dabei zieht er zackig seine rechte Hand nach oben. Sie hat die Form einer Pistole. Damit zielt er dann auf meinen Kopf und schießt.

»Bum!«, ruft er laut und lacht.

Dabei fixiert er mich mit seinen Augen. Die sind kalt und lachen nicht. Ich bekomme kalte Füße. Womöglich bin ich nicht willkommen und ganz im Gegenteil ein Störenfried. Ich bin bemüht, mich zu erklären und lege los: »I'm sorry for interrupting. But I have a little problem. My scooter …«, dabei zeige ich auf Romeo, »is empty. Now I'm looking for a petrol station. Can you help me?«

Wieder keine Antwort. Der Tänzer vor mir verzieht nicht eine Miene. Stattdessen geht er zurück zu seinen Jungs. Die werfen ihm ein Dosenbier entgegen. Der Typ fängt es gekonnt mit links. Dann greift er mit der andern Hand in seine Jacke und zieht ein Messer aus der Tasche. Er drückt auf einen Knopf und eine Klinge schießt hervor. Damit sticht er in seine Dose. Sofort spritzt eine Bierfontäne in die Höhe und landet gezielt in seinem Mund.

Jetzt fangen die jungen Männer an zu quatschen. Sie mustern mich und stellen Fragen. Doch ich verstehe nichts, ihr Französisch ist viel zu schnell für mein Gehör. Die Männer verstummen und sehen mich an. Ich sehe die Männer an. Zwischen uns ein Heer von Fragezeichen.

Ich gehe zurück zu Romeo. Dann starte ich einen zweiten Versuch. Wild gestikulierend erkläre ich erneut den Grund meines nächtlichen Erscheinens vor ihrer Imbissbude. Dabei streue ich immer wieder französische Wörter ein und hoffe auf Verständnis. Doch ohne Erfolg. Die Jungs verstehen offenbar weder Englisch noch meine Körpersprache, geschweige denn meine im Eifer des Gefechts gewählten Französischbrocken. Ich werde wütend. Das kann jetzt nicht sein. Wir sind Menschen. Und Menschen sprechen eine gemeinsame Sprache.

»Attention!«, rufe ich und lege los.

Ich steige auf Romeo und bewege den Gashebel. Mein Mund imitiert den Sound seines Motors, ein immer heller werdendes Summen. Doch plötzlich fängt mein Mund an zu blubbern und mein Körper ruckelt auf und ab, bis der Motor schließlich gänzlich verstummt. Ich bewege mehrmals den Gashebel, aber nichts passiert. Hilflos blicke ich mich um. Ich steige ab und gehe in Richtung des BMWs. Dort nehme ich einen imaginären Zapfhahn zur Hand und tanke. Das war's. Mehr fällt mir nicht ein.

Doch nichts passiert. Die Jungs stehen einfach da und starren mich an. Als wäre nichts gewesen. Dann werfen sie plötzlich ihre Kippen weg und steigen ins Auto. Der Typ mit dem Messer lässt den Motor an und gibt Gas. Mit quietschenden Reifen verlässt der BMW den Parkplatz. Dann macht er eine Vollbremsung. Der Fahrer lässt den Motor heulen und wartet.

Was soll ich jetzt machen? Haben die mich verstanden? Oder wollen die mich verarschen? Vielleicht sogar ausrauben? Andererseits, was kann man mir schon rauben? Ich gehe zurück zu Romeo und starte den Motor. Dabei fällt mein Blick auf das Kennzeichen des schwarzen BMWs. Die mittlere Zahl ist eine 7. Das bedeutet gar nichts. Trotzdem verleiht es mir den Hauch einer Hoffnung. Ich klappe mein Visier herunter und gebe Gas.

Fünfzehn Minuten später stehe ich vor einer Tankstelle und tanke. Davor steht noch immer der schwarze BMW mit seinen fünf Jungs. Der Motor läuft. Der Gangster-Rap tobt. Ich hatte Zweifel an den Absichten meiner Begleiter, doch die haben sich als gänzlich unnötig erwiesen. Meine Retter haben meine Not tatsächlich erkannt und mich hierhergeführt.

Jetzt tanke ich für drei Euro und 97 Cent Benzin. Zu meiner großen Überraschung konnte ich weitere finanzielle Reserven auftun. Im Futter meiner Lederjacke war ein Loch. Dort konnte ich einen ganzen Euro und 13 Cent zutage fördern. Allerdings in Centstücken. Das hat beim hiesigen Tankwart einen Seufzer ausgelöst, bei mir hingegen einen Ausruf des Jubels.

Außerdem bin ich bei der Suche nach Kleingeld auf meine Kartoffel gestoßen. Die Herzkartoffel von Matthias, dem Bauern. Ihr Anblick hat mich gefreut. Ihre Erscheinung hat sich allerdings etwas gewandelt. Sie ist eingeschrumpelt und übersät mit etlichen grünen Keimen. Es wird Zeit, sie einzupflanzen.

Als ich den Zapfhahn zurück in seine Zapfsäule stecke, ertönt eine Hupe. Die Jungs in ihrem BMW sind in Position gefahren und erwarten mich. Ihre Handzeichen geben mir zu verstehen, dass ich ihnen folgen soll. So sei es.

Zehn Minuten später fahren wir gemeinsam auf die Autobahn. Dann drücken die Jungs dreimal auf die Hupe und fangen an zu winken. Sie geben Vollgas und fahren bei der nächsten Ausfahrt ab. Dann sind sie weg. Für immer. Und ich bin erneut auf mich allein gestellt.

Vor mir liegt die lange, dunkle Autobahn. Ich bin wieder wach. Der Vorfall hat mich aufgeputscht. Nichtsdestotrotz bin ich erfüllt von einer ungeahnten Müdigkeit. Seit fünfzehn Stunden bin ich jetzt am Rollerfahren. Habe nichts gegessen. Kaum getrunken. Nicht ein Mal wirklich ausgeruht. So ist es nicht verwunderlich, dass sich nun, nachdem das letzte Abenteuer ausgestanden ist, ganz langsam meine Augen schließen. Und das bei 85 auf der Autobahn. Die ist zwar leer, doch leider nicht der Ort zum Schlafen. Noch kämpfe ich dagegen an, schüttle meinen Kopf und ringe mit der Schwere meiner Lider. Ich weiß, dass ich diesen Kampf gewinnen muss. Sonst bleibt am Ende nichts als Schweigen.

Doch ungeachtet dieses Wissens verlasse ich mit Romeo allmählich meine Spur. Ich spüre, dass was schiefläuft, doch versagen jetzt die Kräfte. Mein Wille verliert die Herrschaft. Es ist der Körper, der sich nun Genugtuung verschafft. Er verlangt bedingungslos nach Schlaf. Und den bekommt er. Meine Augen fallen zu. Und ich bin weg.

Als ich erwache, fahr ich auf dem Seitenstreifen. In Richtung Nirgendwo.

Allmächtiger! Das war er. Der berühmte und ach so berüchtigte Sekundenschlaf. Was ne Scheiße! Erschrocken lenke ich zurück in Richtung Straßenmitte.

Soll das mein Ende sein? Ein Toter auf der Autobahn?

Und das nach allem, was mir widerfahren ist? Das wäre würdelos. Wie konnte ich das zulassen? Mich derart in Gefahr versetzen. Bei aller Liebe, das ist es weiß Gott nicht wert. Ich will doch leben und nicht sterben.

Als meine Sinne sich gesammelt haben, bin ich zurück im Hier und Jetzt. Belgien. Nacht. Autobahn. Was soll ich tun? Ich weiß es nicht. Bin ratlos. Hoffnungslos verloren. Von tiefer Traurigkeit erfüllt laufen mir die Tränen durch den Helm. Ich fange an zu weinen, zu schluchzen wie ein Baby. Jetzt kann mir nichts mehr helfen.

Nur ein Wunder.

Ich blicke auf mein Armaturenbrett. Der Kilometerstand steht auf 17 777,74 km. Wow! Was für ein Zufall, dass ich gerade jetzt meinen Blick darauf richte. Die Zahl springt auf 17 777,75 km. Was wohl passiert, wenn die 5 zur 6 und die dann zur 7 wird? Die Zahl springt auf 17 777,76 km. Wahrscheinlich gar nichts. Was soll auch passieren? Sonntagnachts, mitten im Nichts, ganz allein auf der Autobahn.

Die Zahl springt auf 17 777,77 km.

Ich halte den Atem an. Dann hebe ich den Blick und schaue mich um.

Was zur Hölle!? Ich traue meinen Augen nicht. Es ist ein Wunder! Und es leuchtet. Erst rot, dann gelb, dann grün, dann blau. Es blitzt und funkelt. Erleuchtet den gesamten Himmel. Ist das ein Traum? Eine Halluzination? Die pure Erschöpfung? Oder verlier ich den Verstand? Ich reiße mein Visier nach oben und starre zum Himmel. Der Fahrtwind ist eisig und macht mich wach.

Kein Zweifel. Da ist es. Tatsächlich! Ich sehe es. Direkt vor mir. Ein Feuerwerk!

Sollte mich die Leserschaft an dieser Stelle nun endgültig für übergeschnappt halten, so kann ich dies niemandem ernsthaft verübeln. Schließlich ist die Wahrscheinlichkeit, dass um drei Uhr morgens mitten im Nichts, irgendwo auf der belgischen Autobahn, ein Feuerwerk hochgeht, eher bescheiden. Auch mag die Behauptung, dass dieses Phänomen in einer unmittelbaren Relation zum Tachostand eines zufällig vorbeifahrenden Rollerfahrers steht, völlig irrational erscheinen. Und doch bleibt mir nichts anderes übrig, als zu wiederholen, was gerade geschieht: Ich fahre durch Belgien. Die Autobahn ist leer und ich bin allein. Ich befinde mich irgendwo auf der E 314 zwischen Brüssel und der belgischen Grenze. Vor mir liegt Finsternis und über mir glitzern die Sterne. Dann erscheint die Zahl 17777,77 auf meinem Tachometer. Und dann macht es »Bum!«. Raketen fliegen zum Himmel und explodieren.

Das ist es, was gerade passiert. Man mag es glauben oder nicht. Doch ich bin sicher: Das Universum ist mit mir und schenkt mir ein Zeichen. Ein Zeichen, das ich dringend gebraucht habe. Es schenkt mir Glaube, Liebe, Hoffnung. Ich bin erfüllt von neuem Mut. Die Farben am Himmel geben mir meine Kraft zurück. Ich werde meine Reise zu Ende bringen. Und das, bevor die Sonne aufgeht!

Entschlossen drehe ich den Gashebel bis zum Anschlag. Der Fahrtwind bringt mich zum Heulen. Vor Kälte und vor Glück. Jetzt heißt es wach bleiben. Ich fange laut zu singen an. *Help!* von den Beatles. Immer lauter und lauter. Gegen den Wind, den Motor und die Verzweiflung. Ich singe und singe. Bis ich es rufe, schreie und brülle. Das ist das Ende. Das große Finale. 17 Tage. Sie sind vorüber. Von Bochum nach Dublin. Von Dublin nach Bochum. In den Taschen kein Geld. Das Herz voller Glück.

Dann kommt die Grenze. Ich bin wieder in Holland. Immer noch singe ich Carlas Lied. Meine Müdigkeit ist wie weggeblasen. Die Erschöpfung passé.

Dann die Grenze nach Deutschland. Ich bin wieder da. Zurück in der Heimat. Die Tanknadel berührt den Reservebereich. Doch das ist egal. Der Sprit wird reichen. Ich habe freie Fahrt. Der Ruhrpott ist nicht mehr fern.

Dann kommt Essen und ich jauchze vor Glück. Die Fahrt geht weiter. Mein Weg ist frei.

Dann ist es so weit. Das Ortsschild taucht auf: »Bochum«.

Endlich! Ich bin wieder da. Zurück in der Stadt. Zurück im Revier.

Abrupt wechsle ich die Platte: »Bochum, ich komm aus dir!«

Und: »Ohhhhhhh, Glück auf!«

Ich heule wie ein Schlosshund.

Die Straßen sind leer. Alles schläft.

Vorbei am Schauspielhaus. Die Hand zum Gruße!

Dann das Bermuda3Eck. Gekonnt umschifft und schließlich den Berg rauf. Einmal um die Kurve, geradeaus, und zack, bin ich da. Bremsen, Halten, Stehen. Den Schlüssel gedreht. Der Motor ist aus. Stille. Nur das Abkühlen des Motors. Zügig ziehe ich den Helm vom Kopf und blicke zum Himmel. Keine Sonne. Noch nicht.

Ja!!! Geschafft. Ich war schneller!

Ich steige ab. Vor mir liegt ihre Haustür. Die Nummer 7. Alles ist dunkel. Der Moment ist gekommen. Hier hat es angefangen. Hier wird es vollendet. Ich öffne meinen Rucksack und hole das Buch hervor.

»William Shakespeare: *Romeo and Juliet*«.

Dann gehe ich langsam in Richtung Tür. Ich fühle mein Herz, wie es schlägt, bis zum Hals. Ich bleibe stehen. Direkt vor der Tür. Da ist die Klingel. Zum Greifen nah. Es ist kurz vor Sonnenaufgang. Ist Magdalena zu Hause? Ist sie am Schlafen? Tief und fest? Soll ich sie wecken? Jetzt und hier? Was wird sie machen? Mich küssen? Oder mich verhauen?

Bevor das Denken mein Handeln erstickt, hebt sich mein Finger und drückt: »Ring!«

Ich erstarre. Hab ich das wirklich getan? Mein Finger ruht auf ihrem Klingelknopf. Ich hab es getan! Gespannt warte ich ab, was passiert. Doch nichts, gar nichts passiert. Kein Geräusch. Kein Licht. Niemand öffnet die Tür.

Vielleicht schläft sie wirklich sehr fest.

Ich werde kühn. Jetzt ist es sowieso egal. Ob einmal geklingelt oder zweimal, spielt keine Rolle mehr. Entschieden drücke ich erneut auf die Klingel: »Ring!« Wieder halte ich inne und horche. Nichts passiert. Mein Blick schweift rüber zu Romeo. Sein Auspuff dampft im Tau des Morgens. Im Innern meiner Jackentasche sitzt Huck und lächelt. Ich kann ihn spüren. Er ist gespannt wie ich.

Oh Magdalena! Wüsstest du, dass ich jetzt in diesem Augenblick vor deiner Türe stehe. Zusammen mit meinem Schlumpf und meinem Roller. Und dass wir alle drei uns jetzt nichts Sehnlicheres wünschen, als dich zu sehen! Um dir dann das Buch zu geben, das wir auf unserer Reise nur für dich gefunden haben …

Meine Nase ist kalt. Sie läuft. Der Fahrtwind hat ihr übel zugesetzt. Ich greife in die Innentasche meiner Jacke und hole eine weiße Serviette hervor. Damit putz ich mir die Nase. Es ist die Serviette, die mir Victor in Shakespeares Geburtsort geschenkt hat. Noch immer sind seine handgeschriebenen Worte deutlich erkennbar: »*Finis Coronat Opus*«.

Ich drücke ein drittes Mal auf ihre Klingel. Nichts. Die Sache ist klar. Sie schläft wie eine Göttin oder sie ist immer noch in Rom. Wie dem auch sei, auf meinem Gesicht formiert sich ein Lächeln.

»Mission erfolgreich«, kommt es leise über meine Lippen.

Ich habe es geschafft. Tatsächlich! Meine Reise ist beendet. Das Ziel erreicht und die Wette gewonnen. Yes! Bis auf das Buch. Das werde ich nicht los. Romeo ist hier, doch wo ist Julia? Was soll ich jetzt machen? Unschlüssig blicke ich mich um.

Auf einem Baum vor dem Haus sitzt eine Lerche und singt. Oder ist es eine Nachtigall? Ihr Gesang kündet vom Beginn des achtzehnten Tages.

Die Sterne schwinden, die Sonne geht auf.

Ich drücke ein viertes Mal. Wieder nichts. Das Haus ist still und dunkel.

Jetzt macht es keinen Unterschied mehr. Ich drücke zügig ein fünftes, sechstes und schließlich ein siebtes Mal auf Magdalenas Klingel.

Epilog

She'll come at dusky first of day,
White over yellow harvest's song.
Upon her dewy rainbow way
She shall be beautiful and strong.
The lidless eye of noon shall spray
Tan on her ankles in the hay,
Shall kiss her brown the whole day long.

I'll know her in the windrows, tall
Above the crickets of the hay.
I'll know her when her odd eyes fall,
One May-blue, one November-grey.
I'll watch her from the red barn wall
Take down her rusty scythe, and call,
And I will follow her away.

FRANCIS LEDWIDGE, AUGUST

Am Freitag, dem 19. August 2005, um 12:45 Uhr treffe ich an einer Straßenkreuzung nahe der Grafton Street auf einen Mann namens Angus. Er fragt mich nach dem Weg. Wir kommen ins Gespräch und ich erzähle ihm von Magdalena.

Sie kommt im ersten Morgengrau'
Bei gelbem Erntelied ist weiß ihr Schein
Und auf dem Regenbogenweg, der nass vom Tau
wird sie schön und kräftig sein
Des Mittags lidloses Auge, schau,
strahlt durch Heu und Gräser lau
die Farbe ihr auf Fuß und Bein

Über die Felder sich Heuhaufen bahnen
Groß zwischen Grillen kommt sie herbei
Ich kann ihre ungleichen Augen erahnen
November-Grau und blau wie der Mai
Sie erreicht die Scheune und greift mit der Hand
Die rostige Sense von der roten Wand
Ich hör ihren Ruf und folge ihr frei

Deutsch von Katrin Mattila und Eero Mattila

Daraufhin schreibt mir Angus das Gedicht *August* des irischen Dichters Francis Ledwidge in mein Tagebuch. Sollte ich eines Tages ein Buch über meine Reise schreiben, würde er sich sehr darüber freuen, hier an dieser Stelle seinen Namen zu entdecken. Ich gebe Angus mein Wort und ziehe weiter …

Dank

Ich danke meiner Lektorin Katrin Mattila für ihre großartige Arbeit und dafür, dass sie mich bis zuletzt dazu ermutigt hat, das Beste aus diesem Buch herauszuholen.

Ich danke German Arefjev für seine großartige Gestaltung im Vorfeld. Auch möchte ich Maren Flintrop und Tom Ashforth danken, die mich mit ihrem französischen und englischen Lektorat unterstützt haben.

Ich danke Eero Mattila für seine Arbeit als Übersetzer und Caren Klaschka für ihre aufmerksamen Anmerkungen.

Ich danke Claudia und Ralf für ihren Glauben an das Buch und ihren Botengang zu KiWi.

Ich danke KiWi und ganz besonders David Rupp und Martin Breitfeld für die konstruktive Zusammenarbeit.

Auch danke ich Niclas Weber, Tobias Philippen, Antoinette »Medi« von Schwarzkopf, Hannes Köhler und Thomas Moerl.

Mein Dank gebührt zudem meiner Großmutter, meiner Oma und meinen beiden Opas. Gemeinsam haben sie mir Romeo geschenkt.

Ich danke meinen Eltern, meiner Mum und meinem Dad, für ihren Glauben an die Freiheit, für ihr Vertrauen in mich und meine Liebe zum Theater.

Ich danke meiner Mum für Micha und sein rotes Rad und dafür, dass sie es mir ermöglicht hat, dieses Buch zu schreiben.

Ich danke meiner Schwester Vita. Sie hat mir meinen Schlumpf geschenkt.

Ich danke meiner kleinen Schwester Freya für so manchen Geistesblitz, den sie mir offenbarte.

Ich danke meinen beiden Brüdern Paul und »michbaeck« für all die Spiele, die wir zockten.

Ich danke meinem Mentor Berthold, dem »Baron de Belle«, für seine Marmelade und all die Jahre, in denen er mir treu zur Seite stand.

Ich danke Markus Grau für seine Schreibwerkstatt.

Ich danke meinem ersten Theaterlehrer Thomas Ulrich. Er hat mir Shakespeare vorgestellt.

Ich danke auch Marc Beyer, der mich wegweisend zum Theater brachte.

Ich danke meiner ersten Gruppe, den Young Acting Accomplices.

Ich danke der Schauspielschule Bochum: Larissa und dem guten Wiegand, Anna Pocher, Jana und Frau Kästner, Dieter Braun, Johannes Klaus und Thomas Rascher, Stefan Karthaus und dem Ulli Becker, Marc Hofmann, Marc Lunghuß und Orazio, Claudia, Matthias Flake und Yvonne, Stephan Ullrich, Otto Wilhelm und Frau Wiegand, dem Harlandt, Klaus Missbach und dem Theobalt, Thomas Hertel, Martina Eitner-Acheampong und Paco, dem Clown, González.

Ich danke meiner Schauspielklasse: Ines, Marie, Hanna und Sharo, Dennis, Max und ganz besonders Nils, meinem treuen Freund und Mitbewohner, und auch seiner Freundin Anna.

Ich danke Jupp »The Beastmaster« Dondorf für unseren gemeinsamen Theaterbau und seine schier unbezwingbare Energie. Ich danke Joé Raymond Post für all die inspirierenden Gespräche.

Ich danke dem Theater im Bauturm Köln für seine Bretter, die mir eine Welt bedeuten.

Ich danke Aron, meinem ältesten Freund und Klassenkameraden, für unsere Tour und seine Biker-Solidarität. Ich danke Freund Julian für all den Abenteuerwahnsinn, den wir teilten. Und ich danke meinem lieben Freund René für all die wundervollen Reisen und für unsere beiden Schlümpfe Tom und Huck.

Ich danke Noemi für unsere Liebe, als wir siebzehn waren.

Und bevor ich es vergesse, danke ich auch meinem Freund und Wegbegleiter, dem unvergleichlichen Geronimo.

643 8025
SPARKYS PIANO SHOWROOMS
0121 643 8025
JOHN SPARKY'S
PIANO SALES
PIA
MBK
FLAME
K
B 562